本书获

广东省重点培育学科"广州华商学院新闻传播学"

学科建设经费资助

道可道·非常道（三）

非常道
谭天新媒体传播探索

谭　天　著

暨南大学出版社
JINAN UNIVERSITY PRESS

中国·广州

图书在版编目（CIP）数据

非常道：谭天新媒体传播探索/谭天著 . —广州：暨南大学出版社，2022. 4
ISBN 978 - 7 - 5668 - 3244 - 3

Ⅰ. ①非…　Ⅱ. ①谭…　Ⅲ. ①新闻学—传播学—研究　Ⅳ. ①G210

中国版本图书馆 CIP 数据核字（2021）第 196465 号

非常道：谭天新媒体传播探索

FEICHANGDAO：TANTIAN XINMEITI CHUANBO TANSUO

著　者：谭　天

出 版 人：张晋升
责任编辑：冯　琳　姜琴月
责任校对：张学颖　陈皓琳
责任印制：周一丹　郑玉婷

出版发行：暨南大学出版社（510630）
电　　话：总编室（8620）85221601
　　　　　营销部（8620）85225284　85228291　85228292　85226712
传　　真：（8620）85221583（办公室）　85223774（营销部）
网　　址：http://www.jnupress.com
排　　版：广州市天河星辰文化发展部照排中心
印　　刷：深圳市新联美术印刷有限公司
开　　本：787mm×1092mm　1/16
印　　张：14
字　　数：244 千
版　　次：2022 年 4 月第 1 版
印　　次：2022 年 4 月第 1 次
定　　价：79. 80 元

前　言

荷兰华人街的地砖上刻着中国古代思想家老子的名句："道可道，非常道。"我很喜欢这句话，先是把自己的微信公众号取名为"谭天论道"，继而把它用在自己的书名里。这一个系列共三部约80万字：《道可道：新媒体理论与实务研究》《道可道：新闻传播理论与实务研究》《非常道：谭天新媒体传播探索》。

自1996年发表第一篇论文以来，我已发表论文200多篇，出版专著教材10多部。2004年我从业界调到暨南大学新闻与传播学院工作，就此真正进入学术研究阶段。由于自己的刻苦努力和大胆创新，我的论文不仅高产，研究也渐入佳境，并一直保持较强的学术敏感和创造力，一些研究成果得到学界的广泛认同和业界的良好反响。

最近十多年，正是互联网和新媒体急速发展，新闻传播学发展面临巨大挑战的时期。而我则完成了两次学术转型，一是由应用研究转向理论研究，二是由广播电视研究转向新媒体研究。我的研究领域比较广，并有不少理论创新，先后提出电视节目形态构成、传播裂变、意义经济、媒介平台、社会化传播等新理论以及各种新锐观点。

《道可道：新媒体理论与实务研究》和《道可道：新闻传播理论与实务研究》精选了我的数十篇论文（独著和合著）及一篇研究心得，这些文章分别发表在核心期刊、新闻传播年鉴、各种蓝皮书和会议论文集上，有些被《新华文摘》、中国人民大学"复印报刊资料"系列数据库转载，有些还获得各种奖励。这些文章是我不懈探索的学术成果，也在一定程度上展示新闻传播和新媒体的最新研究。

《道可道：新媒体理论与实务研究》包括三部分：网络与新媒体研究、传媒经济与管理研究、学术探讨与研究心得；《道可道：新闻传播理论与实务研究》也包括三部分：新闻学研究、传播学研究、广播电视学研究。这一系列专著几乎涵盖新闻传播学研究的主要领域，对于学生来说是一个全面了解学科前沿的窗口，对于学者来说是一个可以进行学术交流的载体。

"道可道，非常道"系列不仅可以看到我的研究成果，还可以看到我是如何做研究的。我希望读者不仅看到我写了哪些论文，做了哪些研究，从中学习了哪些新知识、新理论，还能对我的研究思路、视角、观点和方法有所了解、有所领悟。前瞻、创新、务实和跨界是我的学术风格，解放思想、道无不理是我的理论追求，科学精神、天道酬勤是我的工作态度。

非常道，即除了功夫下在论文外，研究还需要社会观察和传播实践。有朋友问，谭老师你怎么有那么多好的选题？原因在于我把中国社会和新闻传播看作自己研究的田野、学术的源泉。《非常道：谭天新媒体传播探索》包括四部分内容：传媒观察、网络评论、文化传播、读书与教书。正是这些观察与思考孕育出我的独到见解和理论建树。

"凡是过去，皆是序曲。"我更希望在此书基础上与学者们展开新的学术对话。

谭　天

2019 年 11 月

001　前　言

001　传媒观察
　002　"后春晚"：互联网时代的电视新形态
　014　互联网时代的新闻
　018　2018 年度致敬：崔永元、兽爷、丁香医生
　020　5G，将是一个什么样的世界？
　027　关系链：互联网大战的 C 位
　037　从博客到 Vlog
　　　　——看互联网的"传宗接代"
　040　腾讯第三次变革告诉我们什么？
　046　智媒体"智"在哪儿？
　050　新型媒体的打开方式
　056　新闻传播学三"劫"：学科、专业、教师

065　网络评论
　066　朋友圈，害你？帮你？
　070　付费问答：别让娱乐驱逐知识
　077　柯洁输了，人类赢了
　080　别让资本玩坏互联网
　　　　——写在第四届世界互联网大会召开之际
　082　真学者无须冠以各种头衔
　084　我们要"感谢"翟天临
　087　复盘微信七年，更重要的是不做什么
　092　长不大的 QQ
　096　中国电影：成也互联网，败也互联网

101　文化传播
　102　"粉丝电影"是电影吗？
　105　话题电影的成与败
　109　谭维维，给谁一点颜色？
　112　生活里不只有微信，还有诗和远方
　115　新岳阳楼记

120 独行腾冲，只为一段不该忘却的历史

124 回不去的凤凰古城

127 永不消失的香格里拉

131 寻找湮没的文明

136 乌镇的灵魂

139 走过大半个中国来看你

142 我眼中的香港，既熟悉又陌生

146 巴黎的三张名片

151 荷兰的活力

156 清远是宜居城市？
　　　　——一座城市的虚拟田野调查

160 高州的三个"狠人"：冼夫人、高力士、杨永泰

162 南疆采风：喀什的西域风情

165 读书与教书

166 我读大数据，拒绝大忽悠
　　　　——读《大数据时代》有感

175 《菊与刀》何以成为经典著作？

177 难读的书怎么读？
　　　　——《对空言说：传播的观念史》读后感

179 看山不是山，看水不是水
　　　　——写给读研的同学

182 毕业赠言，谭门训诫

186 吐槽研究生论文写作"十八怪"

189 新闻传播学硕士论文怎么写

198 高仿真模拟实战考试
　　　　——暨南大学"电视节目策划"课程教改解密

204 自媒体在新闻传播教学中的应用

210 附　录　这个世界最好的老师，我的父亲没有离开······

213 后　记　大好时光，不负年华——我这四十年

传媒观察

　　有朋友问我怎么发表那么多论文，似乎有写不完的选题。我说那是源自我对社会的关注，对传媒的观察，以及对自媒体传播与运营的实践，那些都是我学术的源泉。本章的文章都是自媒体上的推文，有些只是对传媒的思考，有些还进一步写成论文发表。

"后春晚"：互联网时代的电视新形态

朋友要求我写写春晚，说实话，虽然这些年我很少看春晚，但我还是会关注它并以研究的眼光来审视它。我并不仅仅把它看作一个节目或一台晚会，而是把它置于更大的社会变迁和媒介生态背景下来观察互联网时代的电视演变。

一、换一种视角看春晚

"春晚"全称"春节联欢晚会"，是指中央电视台在每年除夕之夜为了庆祝农历新年而举办的综合性文艺晚会。它起源于 1979 年，正式开办于 1983 年。

（一）春晚：旧瓶难装新酒

说起央视春晚，总让我想起早年的春晚，那么文艺，那么纯粹，那么质朴，那么欢乐！它让我想起李谷一深情款款的歌曲《乡恋》，想起陈佩斯令人捧腹的小品《吃面条》……那时的央视春晚可以用万人空巷来形容。学者潘知常这样解读："春节"是春节联欢晚会所提供的文化心理背景；"联欢"是春节联欢晚会所喻示的意识形态指归；"晚会"则是春节联欢晚会所提供的表演平台，意味着一个虚拟想象的空间。春晚既是意识形态的政治象征，也是主流话语的大众传播。其实，春晚三十多年来是有很大变化的。郭镇之教授认为，春晚的转型反映了中国社会逐渐融入全球化进程的基本变迁。春晚的意识形态目标已经从人民变为大众，春晚的主要功能也从提供共享的节日娱乐转变为确立国家仪式、推销文化品牌。

三十多年来，春晚从联欢活动变为超级表演与媒介事件，从非商业性到高度的商业化，已经难以回头。不可忽视的是，在这些年里，春晚所在的社会环境和媒介生态已经发生了巨大的变化。一方面，春晚从服务人民向召唤大众的转型，反映了宣传主管部门对这一舆论阵地的高度重视。问题是这种召唤对于年轻观众还有用吗？另一方面，中国传媒与受众之间的关系发生了根本的转变。随着互联网的兴起，许多年轻人不再坚守在除夕夜的客厅——他们要么上网浏览感兴趣的娱乐节目，要么干脆不看电视。主流媒体的召唤与网络用户的消费已难以统一。2012 年，吐槽成就"微博春晚"。那年我应 CTR（央视市场研究）邀请评价春晚，我在桌上摆着两台设备：一台是电视机，看电视春晚；一台是电脑，看"微博春晚"，微博上各种吐槽让我感觉比电视春晚更有意思。或许吐槽也是春晚对大众文化生活的一大贡献。

近几年，我们看到春晚试图通过不断创新来挽救颓势，下面只说说马年（2014 年）春晚和羊年（2015 年）春晚。

（二）马年：冯小刚的春晚贡献

马年有一著名电影导演在网上被喷得最厉害，我不说大家都知道，自然是执导央视春晚的冯小刚。那年春晚创下央视春晚 10 年最低收视率，冯小刚被指责在春晚中挟带了不少"私货"……他在接受某杂志采访时透露了心声："我说我对春晚的改造，如果能有 10% 的话，春晚对我的改造是 100%。"冯小刚在春晚之后不仅被教授追着问责，还被网友大骂其执导的春晚是"史上最差春晚"。

其实，我觉得有必要认真分析一下央视春晚外聘导演这件事，不管成败，它是一种积极的尝试，也是一个创新的探索。或许大多数人认为冯小刚执导央视春晚是失败的，但我不这样看，冯导执导对春晚这个节目而言或许是不成功的，但就整个央视而言我认为是功大于过。"冯小刚执导春晚"为央视贡献了一个全年全民议论的话题，大大提高了公众对春晚乃至央视的关注度，大大增强了央视春晚及相关节目的二次传播，对央视相关频道、时段和节目都有不同的收视贡献，同时也刺激了央视的节目改革和传播创新。

我们不能用传统媒体思维来看春晚，而应该用互联网思维来看待它，没有吐槽何来传播？没有试错哪来成功？因此，我觉得央视没必要讳言冯氏春晚，大可以以更加开放的心态来讨论它，至少应该在内部进行科学评估和全面总结。在新媒体时代，不是优质内容才有传播力，而是热点话题更有传播力。当然，影响力和正能量也是需要考虑的，其实，回归生活、娱乐大众不正是央视春晚创办时的初衷吗？

（三）羊年：春晚"总导演"马化腾

说起央视春晚的总导演，国人都知道，马年是冯小刚，羊年是哈文。其实不然！我认为羊年春晚的"总导演"是马化腾！或许有人会说，你不是胡扯吗？没错，央视任命的春晚总导演是哈文，但她的地位与作用在一定程度上被背后的腾讯 CEO（首席执行官）马化腾所替代。在那年的红包大战中，可谓"央视搭台，微信唱戏"，观众边看电视边摇手机边抢红包，电视观众瞬间变成了互联网用户。我们来看看马导的业绩：

当晚 10 点半央视春晚送红包，微信摇一摇次数共 72 亿，峰值 8.1 亿，每分钟送出微信红包 1.2 亿个。除了"分导演"哈文那三十多个节目，"分导演"张小龙的"微信春晚"创造了六大"惊喜"。还有微信朋友圈中的各种吐槽，在这个移动社交场景中，人人都是演员，个个都是导演。某高校教师还伴随春晚演出同步进行吐槽直播，开辟专栏"#我去，春晚#"。不管春晚好不好看，能给大家带来欢乐就是硬道理，而这种欢乐不一定就是看节目，也可以抢红包、秀交情。羊年春晚导演分工明确，哈导负责节目，马导负责传播。我们不妨看看网友评论①：

今晚，腾讯把阿里送去了上个世纪！今晚，移动互联网让 PC（个人电脑）成了化石！今晚，孩子们一定会记住那个一家男女老少围坐拿着手机摇一摇摇不停的大年三十！今晚，"鹅厂"注定被载入史册。

中国今天出现一个"人民币交易市场"，交易量极大，每笔交易极少，流动性极高，风险极低，交易者心态极好，"空头"与"多头"不顾一切地向对方发钱，完全属于人类历史上前所未见的和谐盛世啊！

办了三十多年的央视春晚，在那天无论是内涵还是外延都发生了很大的变化。当今春晚也成了互联网巨头攻城略地的利器，腾讯微信支付与阿里支付宝轮番上阵展开红包大战。

有人把 2014 年称为"媒体融合年"，其实真正的融合是在 2015 年。央视春晚与腾讯微信的合作无疑会成为该年的经典案例。也许有人会担心红包会不会把春晚砸坏，互联网会不会把电视毁了，我觉得不必担心，旧的不去，新的不来。一个传统媒体时代的春晚必将死亡，一个互联网时代的春晚正在诞生！我

---

① 《微信红包背后的故事：中国互联网进入场景时代》，搜狐财经，2015 年 2 月 19 日。

们再来摘录几个网上观点①:

这些年轻人操纵了全中国几亿人春节的喜怒哀乐,厉害!全民游戏与狂欢,利用的是人性的弱点。人性的弱点是应该迎合还是要有一定的选择?记得2010年在日本,电通的人听说偷菜的游戏以后就问,这对社会好吗?同样的问题问一问抢红包?

春晚被互联网重新定义了!全民疯抢红包成了新习俗,增强了传统春节浓浓的时代年味,在用户"嗨"的背后,却是新媒体广告创新的争奇斗艳,相比之下,传统的广告模式被甩出几条街远,叫传媒人情何以堪!

这是互联网思维的春晚,让观众参与其中的部分,让纯观众变成体验者。

微信摇一摇总计72亿次,峰值8.1亿次,每分钟送出微信红包1.2亿个。庞大数目的背后,隐藏着更大的数据力量,将全部信息有效数据化,不仅对于春晚在不同时段收视率采集益处良多,更能很好地掌握微信的普及率以及对不同地区人们的影响力。

萧瑟秋风今又是,换了人间。不必为老春晚而伤感,而要笑对新春晚,走进"后春晚"。

二、"后春晚"来了

在互联网冲击下,尽管传统电视风光不再,尽管央视春晚不再一枝独秀,春晚依然不可或缺,尤其是对于中老年人,尤其是在北方和农村。或许我们的期望值不要过高,就如吃着大年三十的饺子唠着家常,平常一些就好,吐吐槽不要紧,但也要宽容一些。对于电视业而言,需要认清一个现实:"后春晚"来了,它是一副怎样的新模样?

---

① 《媒意见独家 | 换一种视角看春晚》,搜狐网,2018年4月26日。

（一）"后春晚"悄然而至

下面摘录网上一些有代表性的观点①：

有不满意的：

春晚犹如年夜饭，没有春晚将会少去许多年味。本届春晚犹如鲍鱼海参一锅乱炖，阵容强大，没有看点，甚至感觉乱糟糟……语言类节目更是生硬尬演脱离生活。

也有满意的：

每年年三十晚都很忙，看春晚也是断断续续，几个小时的节目，看过的也很有限。今年虽然也很忙，也一样没有时间看春晚，但今年的节目基本都看过，因为宽带电视可回放。说实在的，今年春晚节目的内容和形式都有很大的创新，内容起码是好看有益，一些节目看了还想看。春晚就一节目，太高的要求反而害了它。

有的感到无奈：

是我们老了，还是眼光高了、要求严了，或是春晚越来越无法入眼，反正这次春晚我是咬牙看下来了，要不大年三十看什么呐！

有的表示理解：

不管好看不好看，春晚已经不只是一档节目，而是仪式，是过年不可或缺的一部分。它是文化和政治相互交织后的特殊产物，就好像新闻联播，不可能也不应该只是单纯地用好不好看来评价。感觉在那么多条条框框的束缚下还能娱乐大众也挺不容易的。

---

① 《媒意见独家 | 后春晚来了?!》，搜狐网，2018 年 4 月 27 日。

有猛烈批评的：

春晚的坍塌，是双管齐下的结果。极尽奢华卖力表演，也无法挽救于一二。

还有表示同情的：

同情央视、同情春晚、同情编导！都是下面这些该死的"晚会背反律"！①期望越高，失望越大（越想办好，越不知道怎么办才好）；②场面越热闹，节目越不走心（戏不够，舞美凑；大投入＋大歌舞＋节目内容大"将就"）；③历史越是悠久，越是创新乏力（越来越程式化）；④主持人越是假笑，观众越是冷笑（"高冷范"成了一种病）；⑤尿点越来越多，笑点越来越少，动情点基本"岿然不动"（观众都是来听报告的？）。

我在公众号做了一个小范围调查，投票结果显示：会看春晚的占54%，不会看的占10%，时不时看看的占25%，不确定、无所谓的占11%。考虑到这个公众号用户群偏高端、偏年轻，全国会看春晚的观众应略高于54%，但仍有相当一部分人不怎么看或不那么认真看春晚，其实这种收视低迷已是近年春晚的新常态。

从2017年春晚各省收视率中可以看出，在经济越是发达的地区，春晚的收视率就越低；反之，经济越是相对落后的地区，春晚的收视率就越高。春晚在东北，具有深厚的观众基础；到了华北，还有不少人看；一过长江，马上就不行了；到了华南，收视率简直惨不忍睹。当然不只是经济因素，还有文化因素和社会因素。

春晚似乎正在滑向一个飘忽不定的状态，甚至有陷入边缘化的危险。

（二）春晚的变与不变

要看清"后春晚"的模样，先要了解一下春晚的"前世今生"。"前春晚"是从什么时候开始的呢？它又是什么样的节目？我们把从1983年到2012年的春晚看作"前春晚"，但这三十年也是有变化的。郭镇之教授在分析这三十年来发生的根本变化时认为："央视春晚从服务人民变为召唤大众的转型，反映了中国社会的基本变迁。商业化并不是春晚衰落的主要症结，重新整合碎裂的社会才是关键问题。央视和春晚所代表的大众传媒的召唤作用今后仍然需要，但也可以改进。"可见春晚的演变与社会发展息息相关。网上也有不少看法①具有一定的代表性：

　　我觉得对于春晚，创新越来越难，编导者想尽一切办法融进各种中国或者外国元素，融进各种时代元素满足受众求新求奇的心态，但可能由于现在受众见过太多太多，平日里就可以见到各种新奇的东西，所以真的满足受众的需求太难了。我感觉这不是坏处，恰恰说明了时代的进步。至于春晚的政治性，仔细去看一下以前的春晚，也都是以一年的国家大事为主题的，都有很强的政治性，我觉得这是基本国情导致的，关键要看创作者怎么将政治性导入节目中。

　　近些年的春晚不知是不是为了吸引年青一代观众的关注度，请了很多流量明星，但是并没有带来什么惊喜。千篇一律的歌舞类节目，说烂了的梗出现在语言类节目里也让人觉得乏善可陈，吐槽春晚的段子比春晚本身更有意思。但让人觉得欣慰的是，即使如此，春晚也在不断地尝试着创新，创新的路很难走，可还是值得期待。

　　过去大年夜必看的春晚关注度，掉到了历史的冰点。整个晚上没有看过一分钟春晚。过去我们还会在微博、微信朋友圈里面看看大家对春晚的点评和精彩的短视频。但是这一年的春晚，朋友圈里面也几乎没有人提到春晚。看到最多的是全世界的旅行，以及创新高的电影票房。年初一和家里人去商场，在感慨现在年味越来越淡的背后，却是我们经济出现了高速的发展，生活水平大幅改善的结果。

　　学者李黎丹认为："站在时代的节点回望，30 年中华大地沧桑巨变，央视春晚也随之妆容尽换，近 30 年的发展演变，使得这个有着漫长时间延续性的文本好像一个活化石，生动地呈现着中国社会文化变迁的刻痕。"学者王立新则指出："作为媒介庆典仪式的春晚，一方面成为中国当代社会国家意识形态的象征资源的代言，另一方面也要根据消费市场也就是大众的需求推导自己的文化产

---

　　① 《媒意见独家 | 后春晚来了?!》，搜狐网，2018 年 4 月 27 日。

品。而如何实现娱乐话语和政治话语的有效衔接，无疑将成为春晚下一步需要密切关注的议题。"

综上所述，春晚的身份和功能——"服务国家意识形态，弘扬社会发展主旋律"是不变的，但它所处的社会环境和文化消费却发生了巨大的变化，而春晚则难以承载其原有的身份和功能。当今中国节庆的文化中心已不能限于一个春晚舞台，或者说互联网正形成新的文化中心，一个多中心的"后春晚"时期已悄然而至，需要新的文化认同，需要新的价值创新。当然我这里说的是传播价值和受众价值，优秀文化的传承使命和和谐社会的核心价值仍然不变。

三、"后春晚"该怎么办?

要论"后春晚"，必须"不以节目论节目，跳出春晚看春晚"，把春晚放在更广阔的时空中去考察它。

（一）"后春晚" = 互联网 + 春晚

导致春晚如此变化的根本原因有二，一是社会，二是媒介。前者很复杂暂且不说，只谈后者，那就是春晚进入了互联网时代！中央电视台于 2011 年开办的一档综艺性节目——《网络春节联欢晚会》，简称"网络春晚"，参演人员不仅有明星，更有一些草根民众，得到了观众和网友的一致好评。网络春晚以独具一格的内容在网络娱乐和电视综艺之间架起了一道沟通的桥梁，构成了新媒体时代一道更加别致靓丽的文化风景。据说今年的网络春晚办得还不错，只是影响力有待提高。

我们不仅可以办网络春晚，还可以办手机春晚。我们正在进入由移动互联网、社交媒体、智能化所构成的智联网时代。我们需要以"互联网＋"的理念办好"后春晚"。"互联网＋"的本质是供需重构，以及由此派生出的关系重构、边界重构。我认为对于"后春晚"，话题比内容更重要，连接比收视更重要，外延比内涵更重要。不要设想做一个讨好各方十全十美的节目，而要通过话题引发议论，有人说好有人说不好才能形成传播裂变，春晚才能释放更大的传播能量，当然我们还须传播正能量。

除了央视春晚，其实有些卫视春晚办得并不差。例如，2018 年北京电视台春晚赢得移动传播数据与业内专家口碑双丰收：电视收视率、市场份额大幅提升；新媒体互动不断，处处凸显高人气；宣传媒介遍地开花，全面覆盖移动终端、楼宇大屏；观众评价暖心动人，彰显新时代新北京内涵。该年北京电视台春晚传播数据如下：

全国省级卫视春晚第一
正月初一当晚播出的所有节目中收视排名第一位
全国35城市省级卫视同时段收视率排名第一位
全国52城市省级卫视同时段收视率排名第一位

北京卫视连续五年蝉联省级卫视同时段冠军，在春晚的带动下：

2月16日全国35城全天收视率排名第一位
2月16日全国52城全天收视率排名第一位
连续五年蝉联省级卫视收视微博微信三项核心数据第一

电视春晚规定动作多，但"后春晚"不只是电视，网络传播还是可以有许多自选动作。"微博春晚"实现了双屏互动，狗年春晚的分会场带来另类节目：狗年春晚"三无产品"惊艳亮相，"科技菜"量大份足！无即有，有生好，"互联网+春晚"值得期待。

至此我们可以有一个界定："后春晚"是指互联网时代基于春节的电视节庆仪式及相关内容服务，它有丰富的内容呈现方式和创新互动空间，可以跨越并融合各种传播形态和媒介形态。"后春晚"服务的不只是电视观众，还有网民和消费者。春晚不仅可以看，还可以玩、可以用，手游春晚也可以有，VR春晚也可以搞。在确保春晚服务国家、服务政治的内涵功能不变的前提下，其娱乐大众文化消费的外延可以大力拓展，基于新技术、新内容、新消费的各种创新应该层出不穷，可以异想天开，可以放飞梦想。如今看春晚也好，办春晚也罢，都要换换脑筋了。颠覆、重构、创新应该成为"后春晚"发展的关键词。

（二）"后春晚"的特征

"后春晚"与"前春晚"大不一样。有人用一句话评论时下的春晚：就如一个50岁编剧很努力写着25岁年轻人的故事，但是段子都过了两年。有人说春晚越来越成为一种背景音乐，小孩在春晚下玩抖音，大人在春晚下刷微信、打麻将；有人表示今年看春晚几度走神，一边看春晚直播，一边看朋友圈评论；有人认为走神就是看电视的状态，不在于春晚是否精彩。而我也认为如今走神是新常态。

也有人不看好春晚的未来①：

今年没看春晚，全家一起出游了。在我身边，这种过年方式越来越多，春晚作为过年团圆仪式的功能日益弱化，人们的关注度也越来越小了。后春晚，若在内容上依然被诸多框框所限，单靠技术或传播方式的改革，恐怕是无法挽救的。

但仍有人对春晚情有独钟②：

我每年都看春晚，我觉得今年的春晚很好，满满的正能量，和家人一起哈哈大笑，很舒服。而且在处理的技术手段上也跟时代接轨，很有时代感。现在的生活一秒都离不开手机，手机完全把工作和生活捆绑在一起，仅工作群就有N个，应接不暇，眼睛累，身心更累。而面对春晚"大餐"，放下手机，全身心放松地去享受，我觉得很好。而且随着人们慢慢对手机的疲惫，还是会回归电视的。毕竟每个人都不想自己活得那么累，那么没有自由。

有学者这样分析"后春晚"与"前春晚"的区别：有其他形式出现。但其中的关键在于春晚以何种方式整合和再确认的是何种价值观，有多少受众认同这一价值观。中国受众的受教育程度和意识形态观念差别很大，不看春晚的一族不能认为别人也不看春晚。一直看春晚的人多半会继续看，因为他们没有什么其他的可看；不看春晚的人会继续不看，因为他们的选择本身就多。春晚会继续存在，但最多只能留住那些一直看春晚的，而这些人终究会老去，所以春晚只对特定的人灌输了特定的价值观，而有影响力的人群并不属于这一群体。春晚若要夺回观众，必须基于更大范围的价值观认同。应该说，"后春晚"时

① 《聊聊"后春晚"，迎接"后电视"》，搜狐网·谭天论道，2018年2月26日。
② 《聊聊"后春晚"，迎接"后电视"》，搜狐网·谭天论道，2018年2月26日。

代早就开始了，它是伴随着媒介生态的重大变化以及"后电视时代""后大众传播时代"以及"后灌输宣传时代"的到来而到来的，这种变化是逐渐发生的，并非一蹴而就。另外一个因素是，从前的媒介受众变成了使用者，早已被互联网、手机宠坏了。现在他们的注意力极为短浅，很难有耐心对着电视屏幕看上哪怕是五分钟。我现在是连在电视上看电影的耐心都没有。电影之所以能逆势而上，一个重要原因是人们能将自己物理地移动到电影院，排除其他媒介的干扰专心地看。而电视机所处的收看环境干扰因素实在太多。电视机提供的媒介使用体验远远不够深入。

传统电视是家庭媒体，网络视频是个人媒体，但在大年三十晚上，电视会成为二者的结合体，春晚的存在价值就在于"家庭 + 仪式"。春晚的主体还是依靠家庭媒体，个人媒体的内容也要努力将家庭成员联系起来才好，不然就失去春晚的意义了。

但家庭媒体正在弱化。如今过年娱乐有许多方式，因人而异，老人家看春晚，搓麻将；年轻人追剧，还可以有更多玩法。萝卜青菜各有所好。春晚可以连接家庭、连接朋友、连接网络、连接新媒体，即使不看春晚的人，在社交圈也会卷入春晚话题中，这同样是一种间接的连接。春晚作为大年三十的主菜也好，配菜也罢，不管怎样说，迄今为止还是一个重要的流量入口，仅此而言就应该有所作为。

综上所述，"后春晚"至少具有五大特点和趋势：第一，电视的伴随性出现了，它将形成新的收视行为；第二，名牌节目只是一个流量入口，起到导流作用，而更多的文章还是导流之后做的；第三，改变需要更大的价值认同，文艺为政治服务不能简单化；第四，家庭媒体与个人媒体的结合，媒体融合是全方位的；第五，去中心化和再中心化并存，去仪式化和再仪式化同在。有必要说一下再中心化，"后春晚"是多中心的，双屏互动就是在两个中心之间切换，而分会场则是春晚看台的延展，珠海分会场的无人机不正放飞"后春晚"的梦想吗？人们甚至还有可能创造出一个非春晚形式的节庆节目和活动。

"互联网 +"之于春晚、之于电视，提供了无限的想象空间，一切皆有可能。"后"不是结束，而是新的开始。"后春晚"如此，"后电视"又怎样？需要传媒人和研究者更多的探索。

参考文献

①郭镇之：《从服务人民到召唤大众——透视春晚 30 年》，《现代传播（中国传媒大学学报)》2012 年第 10 期。

②李黎丹：《央视春晚意识形态运行模式的变迁》，《现代传播（中国传媒大学学报)》2011 年第 5 期。

③王立新：《春晚如何？如何春晚？——一种仪式符号学读解》，《西南民族大学学报》（人文社科版）2009 年第 12 期。

［本文原载于《南方电视学刊》2018 年第 2 期。获中国高等院校影视学会第十届"学会奖"论文（评论）一等奖］

互联网时代的新闻

一、互联网时代的新闻之变

过去，记者的工作就是努力写出一篇好稿，编辑之后报道任务就完成了。这条新闻发出去有没有人看，看了又如何，他根本不用去考虑。在传统媒体时代，建立了传播渠道，一切便是水到渠成的事。

今天，因为有了互联网，稿子写好之后才是传播的开始，新闻如何分发，如何推送，才能不被淹没在信息的海洋里？而且有了智能手机和移动互联网，人人都是记者，新闻生产有了更多的可能性。互联网时代，新闻的生产、传播、消费和运营，甚至新闻的定义以及相关的理论和实务都发生了很大的变化，我把它归纳为七大变化：

1. 新闻定义之变

在新媒体语境下，新闻是一个相对模糊的概念，是一个集成的概念，也是一个过程的概念。我们需要重新定义：新闻是正在发生、新近发现，并在搜索、推送与议论中产生的事实和观点的传播，或许还包括对新闻事实的分析和预测。

2. 新闻信息资源之变

"互联网＋"正在"连接一切"，新闻媒体已不能垄断信息资源。新闻信息资源正在转换成为真正的公共资源，转变成为全体社会组织、群体、民众个体都可以在越来越大的程度上分享或共享的资源。

3. 新闻业务之变

新闻业务已不限于采写编播评这些传统业务，如今它已超越新闻，重建边界。新闻的未来在于数据能力，未来媒体正在以技术为驱动拓展更多的想象空间。对于新媒体，重要的是编者而非记者，编者包括网络编辑、新闻评论员、数据分析师等。主要不是新闻信息的采撷，而是新闻信息的整合、筛选和分析，是做深加工和推送。

4. 新闻人之变

在新旧媒体融合发展中，新闻记者也需要转型，需要转换角色，需要从单纯的新闻报道人转变为新闻策展人，要成为掌控技术的"超级记者"、信息海洋里的"买手"、公共讨论中的主持人和职业道德与社会责任的守卫者。此外，我们还需要数据分析师、产品经理等新岗位。

5. 新闻业之变

纽约大学新闻学教授杰·罗森说，"想象一下这样的世界：有'新闻'，但没有'新闻业'，也没有'新闻记者'这种职业。对于人类文明而言，'新闻'本身比'新闻业'可是更加古老、更加基本"。笔者认为：新闻不死，传统新闻业必死。

6. 新闻机构之变

面对这些变化，新闻机构必须转变心态：明白它们不再是服务于一大群受众的内容工厂，而是要服务于单独的个人或者社群。移动互联网时代的新闻分发机制，将进一步集社交、搜索、个性化推荐、智能化聚合于一体。新技术力量驱动下传媒业边界的模糊或消失，也意味着整个媒体的运作逻辑、管理模式和媒介文化的改写。

7. 新闻规制之变

共享新闻资源时代的到来，也给新闻资源的"乱开乱采""资源浪费"提供了可能。人们看到的各种虚假信息、谣言的传播等就是与对新闻资源的任意"开采"使用密切相关。互联网提供了获取新闻信息的快捷通道，但同时它也使不实消息和误导性信息的传播变得更加容易。我们必须比以往更加善于辨伪存真。因此，互联网治理和新闻法规建设同样重要。

互联网、新技术不仅重新结构了媒介生态，而且重新结构了社会形态，从数据新闻到机器新闻，从 VR/AR（虚拟现实/增强现实）到人工智能，新闻人需要变得更加强悍。与此同时，不仅新闻业务需要不断创新，而且媒体组织形态也需要变革，形态各异的新型媒体正在成为新的主流媒体。

二、新闻分发与新闻报道同样重要

在传统媒体，新闻报道几乎是新闻工作的全部，只要把报道做好，自然有相应的传播渠道给你传播，受众也会等着接受，那是一个"人找新闻"的时代。进入互联网时代，传统的渠道失灵了，新闻报道做好了，并不等于它就能到达受众那里，还要想方设法把新闻推送到受众那里，这是一个"新闻找人"

的时代。这里说的"推送"包括人工推送和机器推送，前者是指机构和个人把新闻往各个渠道力推和送达，这是一种更积极主动的传播，后者是指新闻聚合平台上的机器推送。

对于新闻传播来说，一个记者把稿子写好了，一个编辑把节目编好了，不是工作的结束，而是工作的开始。酒香也怕巷子深，再好的新闻报道，如果受众看不到也是白搭。互联网时代的新闻传播，虽然条条大路通罗马，但大致可以分为三大传播路径：一是媒体自建的传播渠道，如"两微一端"，这是一种点对面（一对多）的大众传播；二是接入互联网平台进行内容分发，即利用推荐算法来推送，这是一种面对点（多对一）的精准传播；三是通过社交网络的转发，在朋友圈和社群里受众变成了用户，这是点对面和点对点的二次传播。

诚然，还是"内容为王"，首先要把新闻报道做好。然而，没有运营的内容是没有价值的，还要把你的报道推送到受众或者用户那里。在今天，新闻工作者不只是记者编辑，他还应该做一个新闻策展人。把新闻报道推送到需要它的用户那里。推送，这是一种更积极主动的传播行为，也是一种更有技术含量的传播手段。在整个推送过程中，需求、算法、互动、KOL（关键意见领袖）等成为重要节点。

过去，我们的新闻教育和业务培训都是关于新闻生产的，即如何做好报道。但在今天，我们还需要认真研究新闻的传播、消费和经营。对此，我们需要掌握移动互联网的传播规律，需要掌握社交媒体的运营特点；我们需要通过大数据分析用户行为，需要通过互动来响应用户需求。诚然，这里还存在着媒体与平台的博弈，我们还要研究关系传播和关系转换。

新闻分发是一个技术含量很高的活儿，不是简单地把新闻报道放到网上就完成了，而是不同平台采取不同策略，不同终端采取不同方式。比如说头条号与公众号的传播规律就大不一样，有的领导强令记者把新闻发到朋友圈并作为考核指标，往往适得其反，没有经过话语转换的高密度转发严重影响用户体验，自然会招来朋友的"拉黑"，传播链也因此断裂。

那么，报道与分发是一种什么样的关系呢？只有把报道做好才有分发的前提和基础。一般来说，好的报道会导致好的分发，但也不尽然。互联网时代是一个重新定义的时代，什么是好的新闻？是媒体认为的精品，还是用户需要的内容？我们需要找到一个平衡点，重新界定新闻的内涵与外延，认真研究报道与分发之间的转换。

如前文所说，在新媒体语境下，新闻是一个相对模糊的概念，是一个集成的概念，也是一个过程的概念。我们暂且这样定义：新闻是正在发生、新近发现，并在搜索、推送与议论中产生的事实和观点的传播，或许还包括对新闻事实的分析和预测。然而，新闻的边界是模糊的，我们进入了一个泛新闻时代，而新闻主客体的变化使得新闻生产于传播之中。

分发的本质是连接，连接人，连接服务，连接设备。如何更好地连接？我们需要转变观念，转换思维，以互联网思维来改造传统的新闻生产与传播，以"互联网＋"的理念来促进新闻供给侧改革。同时，充分利用人工智能、5G、区块链新技术来融合媒体报道，创新新闻传播。而新闻的分发不仅推动新闻生产流程再造，而且推动媒介组织形态的变革，智媒时代的新型媒体呼之欲出，时不我待。

（本文中"互联网时代的新闻之变"原载于《新闻论坛》2018 年第 1 期，刊首语；"新闻分发和新闻报道同样重要"原载于《新闻论坛》2019 年第 3 期）

2018 年度致敬：崔永元、兽爷、丁香医生

　　2018 年，各行各业都有值得我们致敬的人，但从新闻传播的角度来看，有三个人（团队）特别令人肃然起敬，他们就是崔永元、兽爷和丁香医生。2018 年 5 月 25 日，崔永元在微博上晒出一份 1 000 万元的演出合同，由此揭开娱乐圈"阴阳合同"的黑幕，国家税务部门由此展开追缴演艺明星逃税的大行动。同年 7 月 21 日，兽爷在微信公众号"兽楼处"推送文章《疫苗之王》，瞬间刷爆社交网络，引发假疫苗事件的全民关注。同年 12 月 25 日，自媒体公众号"丁香医生"发布了题为《百亿保健帝国权健，和它阴影下的中国家庭》的文章，国家市场监督部门由此启动对权健公司的立案调查。我们发现这三者都有一个共同的身份，就是以非传统媒体的个人或机构的身份为公众利益发声。难道这不是大众媒体应该干的事吗？是忧？是喜？我们不妨来深入分析一下。

　　先说动机，或许这三位的出发点是出于私人。崔永元是因怒怼冯小刚拍电影《手机 2》而起意，进而被范冰冰惹毛而亮剑；兽爷是因儿子注射了长生疫苗，"细思极恐"而毅然出手；有人说"丁香医生"的文章是为了卖他们的产品而写，为了吸引眼球而做的软文。但不管怎么说，效果都是为公众利益发声，是为百姓健康和国家利益而揭黑，值得称道！而且他们做这些事情的时候还要冒很大的风险，会被起诉甚至会被追杀，难道对这种虽"大公有私"却为社会公义挺身而出的行为不应该叫好吗？这三位都有一个特征——前媒体人，他们做的这些事正是新闻记者所干的活。在媒体行业外，他们让人们看到一个久违的身影——调查记者。他们尽管已没有记者的身份，但追求真相、弘扬正义的心还在。

　　在新闻行业，调查记者是一个最令人尊敬的职业，他们为社会公义揭黑斗恶，不仅工作极其艰辛，而且还会有生命危险——据说黑恶势力甚至出价 500 万买调查记者王克勤的人头，调查记者也因此成为黑恶势力的眼中钉、肉中刺。调查记者在媒体内部往往也不讨好，新闻调查的成本高不说，还让媒体领导承受很大的压力。据说目前国内的调查记者队伍已萎缩到不过数十人。今年我的研究生，一个怀揣新闻理论的青年调查记者也离开了《新京报》。互联网冲击下传统媒体的衰落，似乎同时也加速了调查记者的流失。然而，失之桑榆，收

之东隅，互联网也让调查记者重新浮出水面，只不过换了一个马甲——自媒体人。

不只是游离于媒体行业外的自媒体人干起了调查记者的活，而且新闻调查的方式也在发生改变。诚然，由于没有新闻采访许可，他们去不了新闻现场，但是现场真的那么重要吗？对于新闻事件，现场是新闻的第一着落点，然而，对于复杂的新闻事实，真相其实隐藏在诸多公开的事实背后，独具慧眼的新闻调查高手可以通过网上公开的资料收集证据，然后把这些证据串连成揭露事实真相的证据链。例如，为了规避法律风险，兽爷采用的事实全部来自三大证券报的公开报道。如今的调查记者恐怕叫作网络调查记者更恰当。当今提着脑袋拿着枪的特工都少见了，就连美国中央情报局90%以上的情报都是通过公开信息和现代科技分析出来的，相信未来，人工智能也会助力新闻调查的。

"这是一个最好的时代，也是一个最坏的时代。"陈力丹教授说，现在是新闻最多，也是新闻最差的时代。相对新闻业的孱弱，新闻学研究也不给力，除了新闻史研究，更多的是新闻业务的总结，只是"术"的研究而缺少"道"的探索，如果说有的话那就是新闻专业主义的讨论。但我不参与这个讨论，我认为新闻第一，专业第二。当下，新闻如何生存比如何专业更重要。作为离开媒体多年的高级记者，每年记者节我都会写一些东西，如今年写的《记者节，你该知道的》《记者节：写给那些有新闻梦想的同学》《萧瑟秋风今又是——记者节说实话》。2013年，我在一个记者节的纪念会上做了题为《新闻不死，新闻业会死》的演讲。"野火烧不尽，春风吹又生"，新闻不会死，新闻调查也不会离我们远去的。

互联网时代，新闻业面临着转型与变革，新闻的生成、生产和传播都需要新的研究，新闻理论需要颠覆与重构，新闻教育也需要脱胎换骨。这两天广州特别冷，我不知道今天是不是今年最冷的时候，但天气预报告诉我过些天会回暖的。新年将到，此时此刻让我想起《南方周末》1999年的新年献词："总有一种力量它让我们泪流满面，总有一种力量它让我们抖擞精神，总有一种力量它驱使我们不断寻求'正义、爱心、良知'。这种力量来自于你，来自于你们中间的每一个人。"在此，我把这段话和以上文字献给2019年的你，你们中间的每一个人。

（本文原载于"谭天论道"微信公众号，2018年12月31日）

5G，将是一个什么样的世界？

5G，已成为当下最流行的热词，各种与5G相关的概念也炒得沸沸扬扬，仿佛人类即将进入一个新的时代。然而，5G的世界到底长什么样，未必有人说得清楚。在此，我试图给大家描绘一下，不一定全面准确，但一定值得参考。

一、5G是一个什么"鬼"？

要描绘5G的世界先要搞清楚什么叫5G，下面我来科普一下：5G是指第五代通信系统，要了解它，大家只需要记住下面三点就行了。第一，速率更高。5G的下行峰值可达到20Gbit/s，相当于1秒钟就能下载1部超高清电影。目前我们手机的速率大多数还只有150Mb。第二，容量更大。同时接入网络的终端数量可以达到100万台/平方公里，这是4G的1 000倍。第三，时延更低。网络时延能缩短到1毫秒以内，只有4G的1/50甚至更短。5G不只是快，也不只是手机，5G裹挟着人工智能、云计算等技术席卷而来，将人类社会推向万物互联的智能世界！

5G的速率将会是4G网络的100倍以上。4G时代下载一部高清电影需要数分钟，而在5G速率环境下，眨眨眼就能下载一部高清视频大片，快至1秒甚至更短时间。今后我们用手机看视频、直播、玩游戏等将更加流畅，用户体验将得到更大幅度提升。5G将满足人们在居住、工作、休闲和交通等各种领域的多样化业务需求，在密集住宅区、办公室、地铁等具有超高流量密度、超高连接数密度的场景，也可以为用户提供超高清视频、虚拟现实、在线游戏等的高质量体验。

在2017年的第四届世界互联网大会上，华为轮值CEO徐直军公开表示，华为早在2009年就开始投资5G技术的研究，预计2018年推出面向规模商用的全套5G网络设备解决方案，支持全球运营商部署5G网络。而中国移动更厉害，5G标准立项并且通过了10项，名列全球第一。按照最新的时间表，在全球范围内，5G的大规模商用最早将于2019年开始，而中国的5G商用则有望在2020年成为现实。2019年大发展，它将是极其重要的一年。5G将在今年逐步进入商用期，在国新办举行的新闻发布会上，工业和信息化部信息通信发展司司长、新闻发言人说，今年年中有望出现比较好的 5G 商用终端。

近日，国家发改委等十部门联合印发的《进一步优化供给推动消费平稳增长促进形成强大国内市场的实施方案（2019 年）》提出，扩大升级信息消费，加快推出 5G 商用牌照。中国信息通信研究院发布的《5G 经济社会影响白皮书》预测，到 2030 年，5G 有望带动我国直接经济产出 6.3 万亿元、经济增加值 2.9 万亿元、就业机会 800 万个。为充分发挥 5G 潜能，相关部门应未雨绸缪，超前部署网络基础设施。不过，也有人认为技术和应用迟滞于宣传和想象。我认为 5G 对当今世界的意义绝不仅仅是技术和应用方面，它还会给整个社会带来各种新的变化。

也许有人会说 4G 已经够我们用了，还有许多应用没有开发出来呢。但我要告诉大家，5G 会给我们带来更多的惊喜。其中最值得期待的是物联网。什么是物联网？就是物与物的连接，人与物的连接。当所有物体都可以联网、可以感知环境，甚至可以远程控制时，我们就有可能进入一个"各取所需"的时代——商家为我们提供的，不再是产品，而是服务；我们不再把东西买下来，而是需要的时候随时取用。

在地下，我们不再担心燃气和自来水泄漏，因为传感器会随时感知到气压和水压的变化，计算可能发生事故的地点并自动报警，维修人员甚至会在泄漏事故发生之前就提前将隐患排除。在路上，我们不用再担心汽车半路"趴窝"，因为内置的传感器会实时检测车况，并提前提醒你去维修，如果因为意外事故出现故障，系统也会自动帮你叫拖车，找 4S 店报修，找保险公司理赔，顺便给你叫一辆备用的共享汽车。你家里的鸡蛋没有了，冰箱帮你自动下单；你走进无人超市，选好东西拿着直接出门，系统自动识别、结账并直接用你的电子钱包买单……可以想象的未来，太多太多，上面列出来的这些，将只会是冰山一角。

面对即将到来的 5G 时代，我们至少需要回答两个大问题：第一，5G 世界，谁主沉浮；第二，5G 发展中的变与不变。

二、5G 世界，谁主沉浮

当今世界，究竟哪个国家的 5G 实力最强？《参考消息》有篇文章《全球

5G 争霸战即将开始!》做了较为全面的分析。5G 是一个综合体系，至少需要从这六个维度来看：①标准主导能力；②芯片的研发与制造；③系统设备的研发与部署；④手机的研发与生产；⑤业务的开发与运营；⑥运营商的能力。目前全球参与 5G 争霸战的主要是中国、欧洲、美国三大核心集团，日本和韩国也有一定的声音。

1. 谁主导全球的 5G 标准？

全世界 5G 标准已经立项并且通过的企业是中国移动 10 项，华为 8 项，爱立信 6 项，高通 5 项，日本 NTT DOCOMO 4 项，诺基亚 4 项，英特尔 4 项，三星 2 项，中兴 2 项，法国电信 1 项，德国电信 1 项，中国联通 1 项，西班牙电信 1 项，Esa 1 项。按国家（地区）统计，中国 21 项，欧洲 14 项，美国 9 项，日本 4 项，韩国 2 项。世界 5G 标准不是一个国家，也不是一个企业能主导的，是全世界各个国家、众多企业一起出力，一起来推动的。而在其中，中国的企业最多，出的力气最大。

2. 5G 芯片的实力哪家强？

5G 发展离不开芯片，中国芯片离世界一流水平还是有较大的差距，有很多我们需要追赶的地方。绝大部分计算芯片基本上是美国企业称霸世界。存储芯片最强大的还是美国，韩国和中国台湾也有较大份额。专用芯片这个领域大家各有所长，不像计算芯片一样被美国企业垄断。智能手机芯片还是美国拥有最强大的实力，不过中国已经有华为在旗舰产品上的抗衡，而中低端产品也会有所作为。总体而言，还是美国占据了较大的优势，中国正在加快追赶步伐。

3. 通信系统设备的研发和部署能力

5G 时代的系统设备如果没有政治因素的影响，中国企业将成为世界的主导，这基本上没有什么可以怀疑的。华为、中兴的技术实力在 5G 时代是世界一流，除了技术之外，华为、中兴的产品在价格上也非常有竞争力。通信网络要做得好，一件很重要的事就是需要拼人力，需要形成解决问题的系统的方案，需要很强的服务支撑能力。

4. 手机的研发与生产

5G 的终端产品将不会只是手机，但是一段时间里手机还会是一个重要的终端，也会很大程度影响手机的体验与 5G 发展。当今世界上，手机研发和生产只有美国、中国、韩国三强，三强的代表是美国苹果、中国华为、韩国三星。论手机领域的综合能力，美国、韩国也难比中国，5G 中国会更进一步巩固自己的实力和优势。

5. 5G 业务与应用的开发与运营

5G 不仅是网络和手机，还需要大量的业务与应用，到移动互联网时代，中国就开始渐渐并跑甚至超越了，如移动电子商务、移动支付、共享单车、打车业务、外卖业务等。5G 还是智能互联网的基础，需要移动互联、智能感应、大数据、智能学习的整合，这就需要智能硬件的研发、生产。而中国智能家居产品的研发和生产水平是世界一流的。可以说中国在移动互联网领域的创新力，资金和人才的积累，智能硬件的研发、生产能力等综合实力是世界上任何一个国家都难以企及的。

6. 电信运营商的网络部署能力

发展好 5G，一个很重要的问题就是电信运营商的网络部署能力，只有部署好网络，普通民众才能用得上，业务才能发展起来。中国三家电信运营商是世界上实力最强的电信运营商，中国移动拥有用户数 9.2 亿，是全世界用户数量第一的电信运营商，三家电信运营商的总基站数超过 640 万个，这个数目是全世界任何一个国家都无法比拟的。中国一定会尽快建成一张庞大、品质很高的5G 网络，把中国社会带向具有更高的效率、更强大的社会管理能力和更方便的社会服务的未来。这对于很多国家来说，很长时间也很难实现。

7. 政府支持和市场能力

5G 这样一个庞大的系统工程，不依靠政府支持，显然很难做到高速度发展。这在很多业务、法律、法规方面就需要政府的大量支持和帮助。中国政府对 5G 发展的态度是非常明确的，积极支持整个行业加快 5G 建设，这一方面可以拉动社会经济，另一方面也能提升社会效率，降低社会成本。中国拥有 14 亿人口，是世界第二大经济体，中国的消费者对于新技术有特别高的热情。这种市场的爆发力是世界一般的国家和地区无法比拟的。

总而言之，全世界 5G 发展，欧洲强在系统，美国强在芯片，中国强在综合实力。可以预期随着 5G 的正式商用，首先在业务上出现全面爆发，领先世界的，非中国莫属。不过，我们也要清醒地看到，中国的崛起必将遭遇西方国家的阻击和围剿，5G 争霸战也会从科技领域延伸到政治、经济和文化领域。

5G 时代的来临可能比想象的更快，首轮商用就将覆盖全球 1/3 的人口。截至 2018 年 11 月，全球已有 182 个运营商在 78 个国家进行了 5G 试验、部署和投资。事实上，在推进 5G 方面，我国已处于领跑地位，只是在进度方面略晚于韩国。托夫勒在《第三次浪潮》中指出，进入信息时代，穷国和富国站在同一起跑线上。5G，对于中国来说也是一个大国崛起的大好机遇，这也将引发中国与西方发达国家一场不可避免的较量。

三、5G 发展中的变与不变

在科技发展史上，每一次变革前，大家都会预测，未来会有哪些"杀手应用"，哪些领域会爆发增长⋯⋯但最后大家发现，每一次的预测，都没完全猜对。

在 2G 时代，手机的主要功能是打电话。当时大家觉得，3G 时代最火的应用，会是用手机看电视。结果，3G 时代最大的改变，是所有人买手机都要挑摄像头，因为吃饭前得先拍照发到微博上。后来大家又开始猜 4G。大部分人觉得，到那时候，用手机看电视总该是最火的吧？可我们现在做得最多的是什么？是看微信朋友圈，玩游戏《王者荣耀》，以及刷各种二维码⋯⋯我们无法准确预测 5G 时代的创新。因为当网络性能的量变引发商业模式的质变，无数的创新会像雨后春笋一样涌现，5G 还会给人们带来更多意想不到的变化。

但我们可以讨论哪些东西会变，哪些东西不会变。在这一过程中，变是常态，比如无人驾驶汽车。在 5G 之前，人们所有的努力都绕不过一道门槛，那就是网络时延。汽车要实现无人驾驶，需要通过大量的传感器实时感知周围路况，再通过复杂的计算和判断，甚至需要与附近的车和网络实时通信，才能作出最合理的处置。但在高速运动的状态下，留给这个系统的反应时间是极为有限的。如果网络速度达不到要求就无法满足安全需求。4G 端到端网络时延的极限是 50 毫秒左右，而要实现无人驾驶，端到端的网络时延需要降到 10 毫秒以内，5G 可以做到！

1. 内容永远是核心

5G 时代，科技助力传媒大发展。智能编辑部将成为媒体机构的核心引擎，推动媒体整体转型升级。内容生产方面，机器人写稿已经不是新闻，但还不是常态，主要局限在重复性、数据性内容，高端、知识性综述和创新性内容生产还是有难度。产品形态方面，不少传统媒体在谋求转型，包括往智库方面发展，需要应用人工智能技术。内容传播方面，虽然人们利用算法进行内容分发和推荐，但也有一些反思认为算法推荐把人固化在一个领域，未来的智能算法会更优化。内容监管方面，图片图像识别等智能把关会鉴别虚假新闻，但还有不少技术难点，面临很多挑战。然而对于传媒业不变的仍然是：内容永远是核心。

2. 更加关注信息安全

还有一个不变就是信息安全。万物互联意味着在理论上可以连接一切，但事实上还是受到政治、文化、经济等诸多因素制约，例如个人隐私、商业机密、国家安全等需要保护。需要建立完善的法律和制度规范信息的联通和数据的收集。加密与解密，漏洞与黑客，黑科技与黑产业如影相随。5G 网络采用强化的加密算法，接入认证一体化的能力。随着越来越多的生态合作伙伴参与到构建5G 端到端服务中来，物联网服务也正变得越来越复杂，提供安全的端到端服务，需要在从网络到用户的整个过程中对安全性进行管理。

3. 人文关怀不可缺失

5G 必然会把我们带入万物互联的新一代互联网，不仅人与人之间的连接，还有人与物、物与物的连接，从互联网到移动互联网再到物联网。5G 既是万物连接的原生平台，也是构建智能世界的基石。但人的理想和情怀永远是影响社会进步与传媒业发展的根本，人工智能技术不能取代人，但会引发一系列伦理问题和哲学问题。凡事有得必有失，许多事情会变得更便利、更快捷，但人会不会变得更焦虑？5G 世界里的人会感到幸福吗？网络流传着"90 后"的标志是脱发、保温杯、失眠等词，4G 尚且如此，到了 5G 时代人们的头发会不会掉得更多？

4. 最大的不变是"变"

有人说，现在都娱乐至死了，5G 之后是不是就黑客帝国了？我有种想退网的冲动。卫斯理的一篇科幻小说就是一批人为了逃离网络跑到深山老林农耕，连电灯电话也没有，杜绝一切现代工业文明，因为他们认为人工智能机器一定会计算出人类是地球的负担从而毁灭人类。但也有人对未来表示乐观：人工智能是让人类过上更加人性化的生活，而不是相反。5G 时代是一个重新定义、边界模糊的时代，在这个地球没有毁灭之前，人类的认知将会面临一次次革命，正是那些成功的革命才会拯救人类与地球。展望未来，薛定谔的猫无处不在。

参考文献

[1] 项立刚：《全球5G争霸战即将开始!》，"瞭望智库"微信公众号，2018年12月27日。

[2]《5G时代，一个不可预测的未来》，《扬子晚报》，2018年12月19日。

[3] 李媛：《5G将如何改变传媒业?》，"传媒1号"微信公众号，2019年1月22日。

[4] 智谷君：《5G国战，一场不容有失的较量》，"智谷趋势"微信公众号，2018年12月7日。

[5] 谭天：《2018年中国新媒体回顾与2019年发展预测》，"谭天论道"微信公众号，2019年3月5日。

（本文原载于"谭天论道"微信公众号，2019年2月11日）

关系链：互联网大战的 C 位

互联网发展和社会化传播，不仅把人与人之间的交流从信息传播进化到关系连接，而且形成各种各样的关系链。随着 5G 的到来，这种传播链还会把人们从互联网带到物联网，带入万物互联的新世界。当今互联网平台之间的战争就是一场关系链之战，关系链已占据这个战场的核心位置。下面我就来聊聊关系链以及这场看不见硝烟的暗战。

一、新媒体的关系传播

要讲关系链，我们先要了解关系、关系传播、关系转换、连接等基本概念。"关系"在不同的学科有不同的定义，通常是指事物之间的联系。例如生产关系、社会关系、国际关系、公共关系、人际关系等。在互联网和新媒体中的关系是指媒体（平台）与用户、用户与用户之间的关系。在传统媒体和大众传播时代，人们只关注点对面的信息传播。进入互联网时代之后，我们开始关注信息传播背后的关系传播，我们还要研究关系传播中的关系转换和关系连接。

当今已由大众传播时代进入社会化传播时代。例如在朋友圈里，你的哥们晒了一组美食，你的闺密晒了她今天新做的头发，这些信息很重要吗？对于大众来说一点都不重要，但是你会点赞、评论甚至转发。你为什么会有这些传播行为呢？这是因为他（她）是你的好友。所以说在社会化传播中，信息的传播与否不仅由信息重要性所决定，还由传播者之间的关系所决定。

在社交媒体中，媒体（平台）与用户，用户与用户之间都会产生或强或弱的关系，也就是说，互联网上的每个节点之间都有可能产生连接，这就是马化腾所说的"连接一切"。媒介即关系，新媒体即连接。新媒体运营就是一个从关系到连接的实现过程。关系是社交媒体最大的资源，问题是要把它发掘出来加以利用并不容易。在打造关系链过程中，我们要解决各种问题。对互联网平台来说，打造一条完整的关系链需要场景接入、媒介融合、规则创新、资本驱动等各方面的支持。

对于新产品获取新用户来说，关系的建立是第一步，但如何通过用户再去连接更多的用户是第二步，这就是六度空间理论。比如各种互联网产品上都有"加好友"和"关注"这两个按钮。其实还有一个更重要的是关系转换，弱关系转为强关系，或者反过来，而关系链就在各种转换中形成。就说弱转强吧，群（微信群、QQ群）就是一个关系转换器。比如说一个微信群里的陌生人想加我微信，很可能我不会同意，因为单向传播我不了解他，如果经他自我介绍后，得知他是与我相近领域的专家学者，或许我会加；如果他邀请我去谈个合作或做个讲座，或许我会加。前者是社会资本匹配，后者是相互需求响应。有同学在网上向我请教，简单问题我会回答，复杂问题他要到知乎咨询我，因为这要付出更多的劳动成本，这就是知识付费。由此可见，关系连接的方式有很多种。

互联网连接的双方关系要匹配，一般来说双方所拥有的社会资源要大致对等。在社交媒体中，层级高的人比较不会主动加比他层级低的人，比如作为一个教授一般也不会主动去加学生。但也有例外，记得有一次我在微博上看到一位本科生说的一个观点特别好，便加了这位爱思考的同学。可以说，他用他的智慧和我做了一个连接。恰好他也是我们播音班的学生，我们还可以在线下见面，于是，我们从弱关系变成了强关系。原来资源不对等的双方不仅做了连接，还进行了关系转换。

在新媒体视域下，人们对传播的研究不仅由信息传播进入关系传播，进而把关系表征为连接，连接人、连接物、连接服务，由此涉及更多传播学及相关学科问题。彭兰教授对"连接"的演进做了全面梳理和深入分析后指出，"当一切物体成为终端时，信息传播这个词的含义会发生深层变革，人对信息的需求，也会发生深刻变化"[①]。笔者进而提出"媒介即连接"的观点，媒介是关系连接器，新媒体的连接方式主要是通过关系产品。[②]

有学者们分别从文化和传媒经济的视角认识连接，有的认为跨文化虚拟共同体是连接、信任与认同。[③] 也有人指出网红经济实际上是传播者与内容的连接。[④] 有学者指出连接会重新定义内容价值："以今日头条为代表的一批新媒体快速崛起，以连接为王来重新定义内容价值，在某种意义上颠覆了人们对媒体

① 彭兰：《"连接"的演进——互联网进化的基本逻辑》，《国际新闻界》2013年第12期。
② 谭天、王俊：《新媒体运营：从"关系"到"连接"》，《编辑之友》2017年第12期。
③ 肖珺：《跨文化虚拟共同体：连接、信任与认同》，《学术研究》2016年第11期。
④ 邵泽宇、谭天：《网红经济：传播者与内容的连接》，《新闻战线》2018年第9期。

的理解。"① 有学者还指出连接会形成互联网新的权力范式，"它从本质上改变了人与人连接的场景与方式，推动社会关系网络从差序格局、团体格局向开放、互动的复杂分布式网络转型，引发了社会资源分配规则及权力分布格局的变迁"②。随着新媒体开发出更多的关系产品，人们对关系和连接也会做更深入的研究。

二、关系链及发展

1. 什么是关系链？

关系链，即把人与人之间的连接组合起来，形成一条传播链条。每个用户的通讯录都蕴含着他的社会关系，用户在朋友圈或微信群的每一次转发都是在做新的连接，更多的关系就形成了关系网络，紧密的连接就形成了关系链。关系又分为强关系和弱关系：强关系即熟人关系，如微信；弱关系即陌生人关系，如微博。还有不强不弱的关系，比如脉脉。关系连接的方式有很多种，有单向、双向，一对一、一对多、多对多等。社交媒体利用这些关系打造各自的关系产品，如抢红包、滴滴打车。在关系链中，强弱关系是可以相互转换的。对于互联网平台来说，这些关系就是它的社会资本，关系链之战就是资本之战。

目前互联网用户中老年用户增长很快，一位老师说他母亲每天玩三个小时的抖音。用户在 SNS（社交网络服务）中的关系链，既包含粉丝数（关注自己的账户数），也包括关注数（自己关注的账户数）。关系链特征是用户参与互动的基础，于是有人对老年用户关系链的两个基本指标——持续参与和活跃度进行分析。研究发现，老年用户的粉丝数越多，持续参与时间越长。老年用户关注数越多，活跃程度越高。用户时长和日活量（DAU）恰好是互联网平台两个最重要的指标。所以，老年人与其说是被抖音迷住，不如说是被社交关系链拴住。

---

① 沈静、史晓多：《媒体运营：内容为王转向连接为王》，《青年记者》2018 年第 3 期。
② 喻国明、马慧：《互联网时代的新权力范式："关系赋权"—"连接一切"场景下的社会关系的重组与权力格局的变迁》，《国际新闻界》2016 年第 10 期，第 6 页。

关系链特征聚类分析

自变量	方差膨胀因子	持续参与		活跃度	
		系数	显著性	系数	显著性
原创数	1.259	0.186	0.099	1.234***	0.000
评论数	1.669	0.139	0.288	0.349***	0.000
转发数	1.431	-0.647***	0.000	0.467***	0.000
粉丝数	1.313	0.109***	0.000	-0.013	0.417
关注数	1.380	0.024	0.353	0.064***	0.001
性别	1.067	0.022	0.303	0.017	0.299
简介/标签	1.125	0.045*	0.055	0.010	0.565
常数项		0.420***	0.000	0.022	0.672

资料来源：柴雯、左美云、田雪松、常松岩：《老年用户使用在线社交网络的行为类型研究》，《情报杂志》2016 年第 7 期。

注：＊＊＊表示显著性水平 0.001（双尾）；＊＊表示显著性水平 0.001（双尾）；＊表示显著性水平 0.05（双尾）。

近年来，互联网巨头的竞争日渐激烈，其背后就是对关系链的争夺。从"你是你的，我是我的"发展到"你中有我，我中有你"，可以说是一场错综复杂的关系博弈。对于新一代互联网，仅靠单个产品、单一渠道来打天下已经寸步难行，必须编织自己的关系网络。在我国已形成 BAT（百度、阿里巴巴、腾讯）三足鼎立的垄断格局下，互联网新军要后来居上，面临的最大挑战就是关系链的建立，如何从"你中有我，我中有你"迈向"你是我的，我是你的"的深度融合，这是需要下大力气攻克的难题。

2. 关系链发展史

当今各大互联网平台无不把关系链打造看作重中之重，而其中微信是做得最好的，整个微信发展历程就是一部关系链发展简史。微信上线 433 天用户数达到 1 亿，上线 2 年用户数达到 3 亿，这个增长速度是非常快的。它是怎么做到的呢？我们来看看它是如何打造关系链的。

首先是熟人关系链，最有利的做法就是把 QQ 的通讯录同步到微信上，庞大的 QQ 用户群为微信积攒了大量的人脉。然后是陌生人关系链，微信 2.5 版本做了"附近的人"，3.0 版本做了"漂流瓶""摇一摇"，这些都是陌生人社交功能。微信给用户提供了一种通道，与附近的、远方的有缘分的陌生人成为朋友。接着就做线下关系链，微信做了二维码分离。有了二维码名片，我们每个人在见面时就很容易借此互相添加好友了，从熟人再到陌生人，线下的关系链一一导入到微信中来。最后是盘活关系链，微信 4.0 版本做了朋友圈，在一个聊天工具里面去做社区，这在全球互联网历史上是没有过的，这是一个非常大胆的尝试。有了朋友圈，我们每天在朋友圈发布的内容，微信好友都能看到。也许他跟你没有太多共同话题，但他至少可以点赞表示一下存在感，表示一下他对你的关心。于是通讯录里的陌路人升级为"点赞之交"。你还会从朋友圈里的点赞发现："咦，你们两个人是怎么认识的？"于是就有了一种"三角好友关系"。

"结构洞"理论认为："社会网络中某个或某些个体和有些个体发生直接联系，但与有些个体不发生直接联系、无直接关系或关系间断的现象，从社会网络整体看，好像是网络结构中出现了洞穴。"[1] 研究发现："结构洞"的数量与关系转换的"资源流"成正比。连接越多，"洞穴"越多，资源流动越快，这就为社交媒体变现奠定了基础。由此到了最后一步：进行商业化，微信单聊群聊、微信公众号、微信朋友圈等形成了一个信息传播的闭环，腾讯拿到了移动互联网的第一张"船票"。

微信 5.0 版本发布了游戏中心、微信支付和表情商店，至此微信形成了一个商业闭环。随着公众号、小程序的出现，微信从工具发展到平台，再发展互联网基础设施，而其关系链也拓展成无处不在的关系网络，一个互联网商业帝国就此建立起来。然而，就在腾讯系高奏凯歌的时候，微信的挑战者出现了，后起之秀头条系进逼的势头咄咄逼人。

微信发展简史[2]

---

① 陈婷婷：《结构洞：关系的制胜点》，《三峡大学学报》2007 年第 6 期，第 31 页。
② "北大纵横"微信公众号，2018 年 6 月 5 日。

三、谁动了微信的奶酪？

互联网有各种媒介产品，对于新媒体来说，除内容产品和服务产品之外，关系产品也日显重要。关系产品不仅成为连接的重要节点，而且其形成的关系链还会成为互联网平台生存发展的生命线。

如果说互联网争夺的是流量，移动互联网争夺的是场景，那么，社交媒体争夺的就是关系链。今年新年第一天我打车出行，一上车司机就问我抢过支付宝的红包没有。原来支付宝与微信支付的场景争夺从年头就开始了，移动互联网时代的连接是通过社交关系来完成的，有了社交连接才能更快地搭建支付场景，连接人和产品以及服务，而支付宝想要获得的就是用户的社交关系链。当今这种基于社交关系链所形成的连接能力，已经成为移动互联网平台的基本能力。央视春晚成为两家争夺的高地，你方唱罢我登台，今年轮到了后起之秀今日头条。那么，会不会"鹬蚌相争，渔翁得利"呢？但可以肯定的是，头条系要打破BAT的垄断格局，必须要经历一番激烈的搏杀。

2018年6月1日，腾讯公告显示，已将"今日头条""抖音"运营者北京字节跳动科技有限公司、北京微播视界科技有限公司起诉至法院，理由是后者涉嫌不正当竞争行为，并对腾讯声誉造成严重影响。同时，腾讯还宣布暂停与上述两家公司的合作。与此同时，字节跳动官方就此回应称："我们已经对腾讯的不正当竞争行为提出诉讼。""头（今日系）腾（腾讯系）大战"起因就是抖音动了微信的奶酪。众所周知，社交可是微信的命根子。目前的短视频在社交环节和衍生环节上还缺乏完整社交关系链的设计，用户并不能通过短视频进行特定社交圈内的社交行为。抖音的转发机制是高度依赖腾讯的，比如，用户录了段抖音小视频发到朋友圈，呼吁好友去抖音点赞，这实际上并不是抖音自身的社交应用，而是借助微信的社交应用为抖音打造社交关系链。然而，当抖音受到微信的阻击后，只好另起炉灶。头条系为此推出了社交产品"多闪"，"多闪"以"短视频＋社交"为基础，其主要功能为"随拍"。甫一出来，有人预言多闪会撼动微信朋友圈的地位，笔者试用了一下，发现不太可能。社交关系链的打造不是靠一个产品，而是需要整个平台生态的支持。

微信分销系统

互联网平台要打造关系链，就有可能进入其他平台的地盘，目前抖音与微信就爆发了"头腾大战"。抖音称新用户无法正常以微信授权的方式登录抖音，而腾讯则声称，微信此举是"基于平台规则和保护用户隐私的考虑"。到底谁说得有理？中国社科院信息化研究中心秘书长姜奇平对此进行了价值判断和事实判断。他认为，如果抖音未取得微信授权，也未经未注册用户许可，就将微信的关系链导入自己系统中，抖音肯定将构成不正当竞争。那么，抖音获取关系链，是顺手牵羊，还是有意为之？姜奇平分析是后者，认为抖音这是绕过行规的攻击行为。1月25日，中央网信办、工信部、公安部、市场监管总局联合发布的公告明确表示，App运营者不得违反法律法规和与用户的约定收集使用个人信息。显然，抖音是理亏的，腾讯在这场阻击战中获胜。

四、社交媒体谁主沉浮

在社交媒体上，我们每个人都拥有自己的关系链，从理论上来说每个人都可以主宰它，但实际上我们往往被互联网平台所左右。比如说，我先用今日头条，后来又用上抖音，抖音可以帮我把头条上的粉丝同步到抖音上，这种粉丝迁移实际上就是一种关系连接。对于抖音来说，它得到更多的用户，通过你和你的粉丝打造了关系链条。你在使用新的互联网产品时，运营平台都会提示你可否使用你的通讯录，因为这就是它们最想得到的关系资源。如果你不愿意，平台总会有办法获得它。如通过各种各样的小福利引诱你，通过各式各样的招数让你不知不觉地交出你的通讯录、粉丝（好友）等关系信息。然后，平台充分利用这些关系开展它们的市场营销，利用这一关系链去变现，最终还是互联网平台主宰用户的关系链。

贝塔斯曼亚洲投资基金董事总经理汪天凡认为："社交的本质是展示和匹配，把展示和匹配同时做好是非常难的，新的技术平台衍生出新的表现形式，才有机会对展示做一些创新。"① "多闪"希望通过亲密关系这个点来维持用户黏性，然而关键问题是，用户愿意将亲密关系搬到一个新 App 上吗？匿名社交软件的关系链则更加脆弱，这是种既短又弱的关系。汪天凡认为，过去，大部分社交产品都只是昙花一现，是因为他们没有把展示和匹配做好，他们不是输给了微信，而是输给了自己。《认知盈余》的作者克莱·舍基指出，数字网络让分享变得廉价，让全世界的人都成为潜在的参与者。想要分享的动机才是驱动力，而技术仅仅是一种方法。借力抄近道未必行得通，能够让自己持续健康发展才是正道。

基于陌生人的弱关系，有没有更好的连接方式呢？有的，那就是利用大数据和人工智能，通过算法来了解用户需求，进而将内容和服务推送给更多的用户。数据挖掘是洞察用户需求的有效方法，而算法在其中起到推波助澜的作用。然而，由于弱连接有许多不确定的因素，算法并不能完全做精准传播。比如我在网上点开一些东西来看，可能只是好奇，并不等于我很喜欢它或要购买它。强连接也依然面临挑战，熟人社交就是去映射用户线下的人脉关系，使得朋友之间沟通更为便捷，但希望每个用户把自己完整的（或者尽可能多的）人脉映射到网站上几乎不可能。涉及复杂网络人脉的算法极其困难，算到三度人脉基本上可能就是极限了。因此，算法优化、服务提升、KOL 导流等多管齐下才行。

"移动互联网时代，文字、图片、语音、视频的社交都比相对应的工具要晚一步，因为关系链必须建立在工具基础之上，只有成为大家使用的工具后，才可能有网络效应。"② 一位关注社交赛道的投资人认为，过去图片被文字微博拿走，语音没有发展起来，短视频的崛起给了语音新的底层基础。抖音明显不只想让用户"记录美好生活"，还想让他们"分享美好生活"。1 月 15 日，距离 2019 年春节还有 20 天，科技圈的春晚提前上演。王欣的新创业项目"马桶

---

① 肖芳、柯晓斌等：《围攻微信：移动社交第二次"大战"》，界面新闻，2019 年 1 月 16 日。
② 肖芳、柯晓斌等：《围攻微信：移动社交第二次"大战"》，界面新闻，2019 年 1 月 16 日。

MT"、字节跳动的"多闪"、罗永浩的"子弹短信"三个社交产品均在这天召开发布会并上了热搜，而微信无一例外地将它们封杀。微信拒绝的理由是名正言顺的，问题是平台在关系链的打造中，尊重用户权益了吗？其实每个用户的关系使用权都被有意无意、有形无形地侵犯了。

五、媒体融合中的连接

前面所讲的关系链是指互联网节点之间连接的组合，它包括平台与用户、用户与用户之间的连接，它主要存在于互联网和新媒体里，我把它叫作狭义关系链。但在媒体融合的大背景下，还有平台与媒体，平台与政府，平台与所有利益相关方的关系连接，这样一来关系链就从线上延伸到线下，我把这种关系连接叫作广义关系链。我们知道媒介平台或者新兴媒体具有强大的传播力，比如今日头条，但它为什么还要政府和传统主流媒体入驻呢？因为它需要政府背书，需要主流媒体的影响力，需要公信力和权威性的加持。反之，传统媒体通过融合创新转型为新型媒体，需要重建用户关系，需要打造关系链。然而，对于吃惯皇粮和习惯点对面的大众传播的传统媒体，加上体制机制的制约，关系链构建起来特别费劲。尽管很艰难，但这一步是必须迈出去的，因为新媒体的商业模式和价值变现都是建立在这上面的。

如今的传统媒体都做"两微一端"或"两微一抖"，但成效却普遍不显著，究其原因，对于关系传播的认知和关系链构建能力的缺失恐怕是其一。为了打通关系链，一些媒体要求记者编辑把他们的内容发到朋友圈。不管内容形式合适与否强行进入别人的秘密空间，我把这样的连接叫硬接。有朋友吐槽，两种普遍存在的现象侵犯了员工的人权：一是把员工私人空间号收编为企业公众号，强制转发各类工作信息；二是无限度占用非工作时间在朋友圈内讨论工作，还强制要求员工随时随地即时回应。我曾警告朋友圈某些朋友，你再这样发我就把你拉黑！这些不顾用户体验、损害用户关系的做法会适得其反，不转换话语、不考虑匹配的硬接只能导致无效的连接。笔者认为好的关系连接应该是"随风潜入夜，润物细无声"的。

关系链即传播链，在此基础上可以形成价值链、产业链。在传统媒体转型的运营中，由于各种关系分处在不同的体制中，因此其关系链是断裂的，由此导致媒体转型举步维艰。有没有办法解决赢利这一难题？这是一个大课题，就不在这里讨论了。但要做新媒体运营，关系、关系传播、关系链构建是一定要懂的。因为在互联网大战中，如果你没有构建自己的关系链，你基本上可以说"被旁路"了。深度融合说白了就是要实现一种超链接，尽管难度极大，新旧媒体的融合面临种种困难，各个生产要素之间的连接遇到种种障碍，但正如尼古拉斯·克里斯塔基斯和詹姆斯·富勒所说："借助于网络，人类就可以收到'总体大于部分之和'的功效，新的连接方式的出现，一定会增强我们的能量，让我们得到上天原本赋予的一切。"① 目前，阻碍连接的原因有制度政策方面的，也有文化观念方面的，需要我们创造出各种新的连接方式，打造出一条联通各种媒介、融合各种要素的全新关系链。在传统媒体向新型媒体的转型过程中，一定要向新兴媒体学习关系链的搭建与运用。

然而，"连接一切"并不都会给人类社会带来福音。彭兰教授在《连接与反连接：互联网法则的摇摆》一文中提到，今天人们也在面临着过度连接的重负，不断增长的连接在延伸人的社会关系的同时，也将更多关系负担与社会压力传递给人。当连接达到一定限度后，它对用户的意义可能就会减弱，甚至走向反面。例如强互动下的倦怠与压迫感、圈层化对个体的约束及社会的割裂、线上过度连接与线下连接的挤占、人与内容过度连接的重压、对"外存"的过度依赖等。对此，她指出："适当的反连接意识与能力在未来或许应作为一种新的网络素养，这种素养是人在网络时代保持独立与自主性的一个基础。"② 对于连接，我们也需要更多的反思和批判，需要审视连接所带来的各种弊端，如隐私侵犯问题、伦理道德问题、网络安全问题等。

总而言之，在新媒体运营中，关系链的搭建与运用至关重要。在媒体融合推进中，大连接也给我们带来前所未有的机遇与挑战。

（本文原载于"谭天论道"微信公众号，2019年3月13日至15日。后又以《打造关系链，实现大连接》名发表于《媒体融合新观察》2019年第5期）

① ［美］尼古拉斯·克里斯塔基斯、［美］詹姆斯·富勒：《大连接：社会网络是如何形成的以及对人类现实行为的影响》，北京：中国人民大学出版社，2013年，第4页。
② 彭兰：《连接与反连接：互联网法则的摇摆》，《国际新闻界》2019年第2期，第36页。

从博客到 Vlog

——看互联网的"传宗接代"

2018 年 11 月 30 日零时起，网易博客运营正式停止。

2019 年 5 月 9 日，新浪博客也宣布相册功能即将下线。

我是新浪博客的老用户，自 2007 年 3 月 31 日开通以来，已使用了十多年，虽不是名博，但也有数十万访问量。新浪博客不仅保存了我的大量文章和图片，也留下了不少写作乐趣和美好回忆，成为我的小型资料库，我的科研成果、摄影作品和各种文章都在那里。如今我却要给那些珍贵的图文"搬家"，费事不说，也觉得博客越来越不好用了，似乎预言着我的博客将寿终正寝。莫非博客时代就要远去？

博客英文为"Blogger"，一是指使用特定的软件，在网络上发表个人文章、图片的人；二是指由个人管理、不定期发表个人文章、图片的网站，英文为"Blog"，又叫网络日志。2000 年博客开始进入中国，并迅速发展，但都业绩平平。2004 年木子美事件让中国网民了解到了博客。2005 年，国内各门户网站纷纷加入博客阵营，由此进入博客的春秋战国时代，主要有新浪博客、搜狐博客、中国博客网、腾讯博客、博客中国（全球第一家中文博客，现改为博客网）等。

没写过博客的青春是不是不够完整？"80 后"当年最时髦、可以显摆的事之一就是写博客，以及关注某某名人、牛人的博客。2006 年，网易将博客定位为"杀手级"应用，上线之后短短 3 年时间，网易博客就积累了 9 000 万注册用户。2006 年到 2009 年，是中国博客最辉煌的时代。那些年，国内博客网站里诞生了大批优秀的博客和博主，比如韩寒，博客总阅读量破亿，再如老徐（徐静蕾），博客也使这位明星一时风光无两。

到 2010 年的时候，中国博客可以说达到了一个顶峰，当时国内博客使用人数过亿，同期网民总人数 4.57 亿，约合每 4 个网民中就有 1 人使用博客。当年博客的爆发势头，完全不亚于后来的微博和微信。然而，短短两三年后，博客的使用率从 2011 年的 62.1% 降至 19.3%，总用户规模仅为 1.22 亿人，早已从当年的爆红产品沦为小众应用。自媒体先驱干不过"两微一抖"，它们不仅带走流量，还带走优质内容。

新浪微博是 2009 年 8 月推出的一个微型博客服务类的社交网站。新浪微博具有转发、关注、评论等基础功能，还有实时搜索、分享、用户排行等特色功能，具有门槛低、随时随地使用、快速传播等特点。2012 年 12 月底，新浪微博注册用户已超 5 亿，迅速成长为中国最大的公共信息发布平台。有 5 000 万粉丝的姚晨成为"微博女王"，也成为最有话题影响力的演员，而老徐的博客却早已停更。可以说，博客的变体打败了博客。

博客自诞生以来，一直没有找到很好的商业模式，尤其到 2009 年 8 月新浪微博出现，博客发展的机会更小了。诚然，博客是 Web 2.0 的产物，是 PC 互联网时代的产品，为了延长其生命周期，部分博客竟以低俗内容吸引眼球。在加强网络治理和内容审核之后，博客已成为综合网站的鸡肋，食之无味弃之可惜，缺少运维投入的新浪博客干脆只采用机器审核，博主很容易因为文章有敏感内容而无法上传，这叫人怎么用？

网易博客之后会是谁？博客还有前途吗？有人说，博客的死是必然的；有人说，只要有价值就有前途，博客依然是长内容 UGC（用户生产内容）生产方式所不可或缺的；也有人断言，博客有前途，但没有"钱"途。确实，从商业的角度讲，博客似乎没有前途；但从个人角度来讲，博客是塑造个人品牌和影响力、发表自己独立观点、沉淀知识的最佳平台。我认为在知识传播和知识经济中，博客理应占据一席之地。

尽管进入了移动互联网时代，但我认为还是有许多人使用电脑工作；尽管人们习惯了碎片化传播，但深度长文还是有需求市场的。难道博客不能认真研发一下新产品、新功能吗？其实桌面互联网还是有其生存空间的，比如网上复杂的设计，精美的游戏，还有网上授课，PC 机观看效果更好。我认为博客可以通过创新起死回生，还是可以通过升级换代找到生机。但有一点要清楚，博客只靠简单维持是绝对走不下去的。

事实上已经出现了新的博客变体——视频博客（video weblog 或 video blog，简称 Vlog），也称为"视频网络日志"。Vlog 作者以影像代替文字或相片，写其个人网志，上传与网友分享。Vlog 多为记录作者的个人生活日常，主题非常广泛，可以是参加大型活动的记录，也可以是日常生活琐事的集合。这是个人网络日志的历史进化，从图文到音频（播客）再到短视频，也意味着博客发展进入多元化的新生代。

博客作为互联网的一种人类文明记载形式一直在不断进化中，先是衍生出播客、微博，进而借助短视频的东风，演变到 Vlog——年轻人观察、体验、记录世界的一种流行创作方式。制作者们手持设备拍摄，边走边拍，后期通过剪辑、配乐，进而完成了一个小型的"纪录片"。同时借助短视频平台迅速传播起来，目前西瓜视频推出"万元月薪"计划，扶持 Vlog 创作者变现。Vlog 能否成为抖音、快手那样的现象级产品？我们拭目以待。

不管怎么说，Vlog 不是博客，视频也取代不了文字。博客要走出困境必须在产品设计上下功夫，既要摈弃 Web 2.0 思维，又不能套用其他移动产品的思路。现有很多大 V 深耕专业领域，在写特定领域的博客，不过变换了形式，还变成了知识付费。我认为应该充分发挥博客在知识传播上的优势，精心设计多款新的付费产品。细分领域，聚集专家，采用付费模式和智能社交，打造一个数字出版的新平台，这或许才是博客的涅槃之道。

或许我们应该以全新的思维来做博客，也不是将其当作一个无足轻重的产品开发，而是作为一个新的互联网平台来打造。我认为专业、付费和 IP（知识产权）开发应该成为新型博客的三大特征：博客作者队伍应该由专家和精英组成；要有付费模式，让知识有价，让优质内容可以直接变现。然而，博客仅靠单一产品、单一模式很难实现赢利，但优质内容就是 IP，可以进行 IP 开发。因此，新型博客的最后一个特征是：应该成为 IP 开发和版权交易的平台。

互联网产品的繁衍，不是一个完了再接下一个，而是一个没完又接一个。像领英、简书、知乎上的很多个人专栏实际上也是博客的变形，它们分别在各个细分市场各领风骚。博客的深度内容和意见领袖还是有市场的，目前只是缺少合适的链接入口和粉丝聚集平台。总之，随着互联网发展和媒介生态的变化，新产品层出不穷，老产品也会蜕变，呈现在我们眼前的是这样一幅画卷：沉舟侧畔千帆过，病树前头万木春。

参考文献

①Diik：《博客的死，是必然！》，金错刀，2018 年 8 月 25 日。

②潘劲虹：《Vlog 火了，但 Vlog 到底是什么？》，爱范儿，2018 年 12 月 7 日。

（本文原载于"谭天论道"微信公众号，2019 年 7 月 30 日）

腾讯第三次变革告诉我们什么？

一、腾讯启动变革的背景与举措

2018 年 9 月 20 日，深圳举办了一场名为"追梦——改革开放再出发"的大型综艺晚会，庆祝改革开放四十周年。当月 30 日，腾讯公司官方微博发布消息，11 月即将迎来 20 周岁生日的腾讯正式启动新一轮整体战略升级。腾讯表示，在连接人、连接数字内容、连接服务的基础上，将进一步探索更适合未来趋势的社交、内容与技术的融合，并推动实现由消费互联网向产业互联网的升级。莫非迎来 20 岁生日的腾讯也想来凑热闹？

在腾讯 20 年的历史中，每七年进行一次调整似乎成了一个定律。自从 1998 年成立以来，腾讯只有 2005 年和 2012 年进行过两次大规模的架构改革，而且每次改革前夕腾讯都面临一场"大考"——比如 IPO（首次公开募股），又比如 3Q（奇虎 360 与腾讯 QQ）大战——两次都顺利过关。但相较之前两次，今年腾讯已有了巨无霸的体量——4 000 亿美元市值，近 5 万名员工。巨轮难掉头，这次战略调整腾讯能否顺利实现升级，进而摆脱目前面临的危机和困局？我们不妨来分析一下。

从 2018 年 1 月至今，腾讯的股价正遭遇有史以来最大跌幅，在不足 9 个月的时间里，股价从最高的 476.6 港元一路下滑到如今的 323.2 港元，跌幅竟高达 32%！导致如此遭遇源自几个因素：第一，今年 3 月，腾讯第一大股东南非公司 Naspers 卖出了价值 800 亿港元的腾讯股票，腾讯股价下跌的大幕从此拉开；第二，腾讯主营业务——游戏深陷监管漩涡、前途未卜，这可是腾讯主要的收入来源；第三，短视频与信息流业务被今日头条全面碾压，今日头条的用户使用时长已超越了微信；第四，云业务起步晚，人工智能行业卡位失败，在互联网科技与产业方面腾讯已经落后。

今日头条和抖音的巨大成功，给了腾讯系流量端巨大的冲击。2018 年 6 月，腾讯系 App 总使用时长占比为 47.7%，相比上年减少了 6.6 个百分点；而恰恰是头条系增长了 6.2 个百分点。消长之间，腾讯第一次在流量争夺上如此狼狈。

头条系的成功秘诀是所谓的"算法推荐"，其原理是：一是用户画像；二是内容分发，包括对内容特征的分析以及用户所处环境的特征分析。再根据这两个算法进行推送，千人千面，推送给用户的往往是他们喜欢观看的东西。加上抖音很"魔性"，一刷就是两小时。内容的分发逻辑从社交分发走向了算法分发，这个新赛道冲击了旧赛道上的王者腾讯。腾讯，不变不行了。

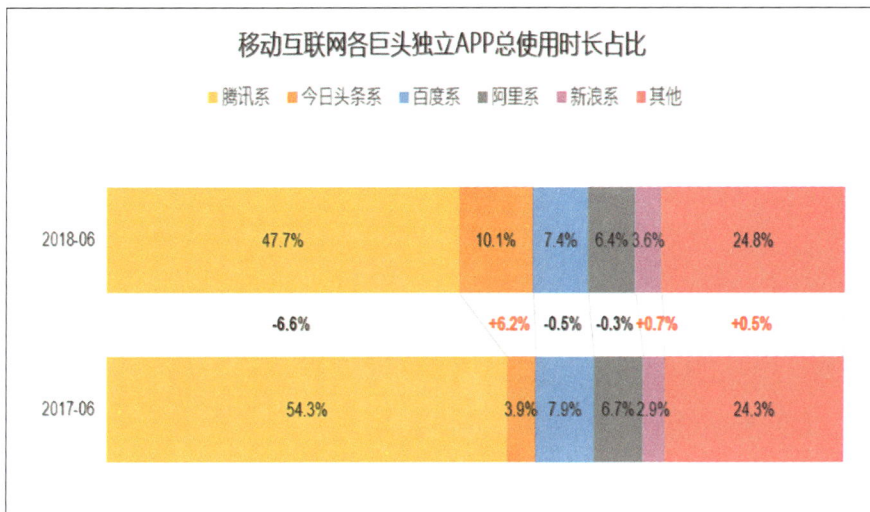

移动互联网各巨头独立APP总使用时长占比

■腾讯系 ■今日头条系 ■百度系 ■阿里系 ■新浪系 ■其他

2018-06	47.7%	10.1%	7.4%	6.4% 3.6%	24.8%
	-6.6%	+6.2%	-0.5%	-0.3% +0.7%	+0.5%
2017-06	54.3%	3.9%	7.9%	6.7% 2.9%	24.3%

移动互联网巨头独立 App 总使用时长占比

来源：Quest Mobile：中国移动互联网 2018 半年大报告，2018 年 6 月。

问题是哪些要变？如何变？这就要剖析腾讯的问题出在哪里。笔者认为腾讯最主要的危机出现在两个方面：一是生态，二是科技。众所周知，腾讯的流量优势雄霸天下，凭借 QQ、微信两大流量利器，多少人想进军社交领域，无不败于腾讯马下。但仔细一看，庞大的腾讯生态系统也有脆弱的一面，其 C 端（消费者）业务已经发展到极限，但 B 端（商家）业务很弱，完全被阿里挤压。如何两手抓且两手都要硬，从而达到生态的平衡，维持这个商业帝国的强大，是腾讯需要认真考虑的。

另一个挑战来自科技创新，当今互联网已进入"ABC"时代，所谓"ABC"是指 A（AI，人工智能）、B（big data，大数据）、C（cloud，云计算）为代表的产业趋势和技术革命。这是继 PC 时代、移动互联网时代后的又一波产业变革，标志着一个新时代已经来临。从模仿追随到自主创新，腾讯的主攻方面都是在互联网产品层级上，从 QQ 到微信以及各种基于社交服务的应用，如微信支付。但在产业层级上却鲜有作为，甚至可以说重视不够。要知道，华为的云是不会给腾讯用的。

为了应对这两大危机，腾讯重组了原来的七大事业群，在保留原来四大事业群的同时，新成立了云与智慧产业事业群、平台与内容事业群。没有任何一家伟大的互联网公司能够回避云时代的到来。云计算已经成为世界顶尖互联网公司的必争之地，因为云计算服务在未来会成为整个互联网的底层基础服务设施，像水和电一样。美国亚马逊之所以成为全球市值最高的电商公司，并非由于其交易规模，恰恰是因其出色的云计算服务。如果没有云，马化腾提出的"连接一切"就会变成一句空话。

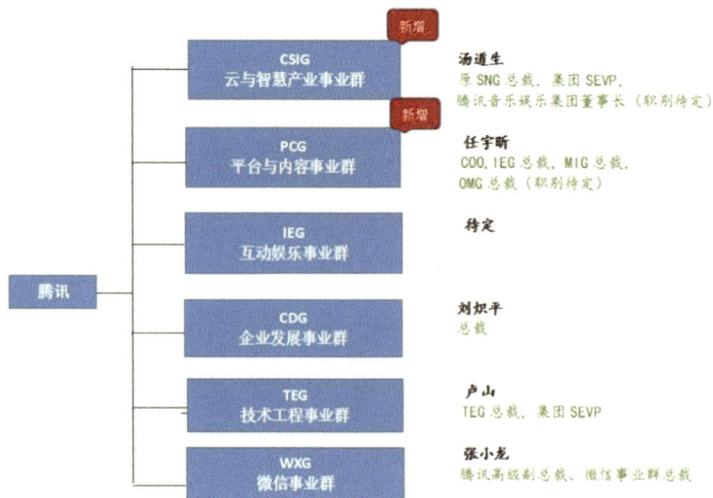

腾讯事业群

可以看出，腾讯的这次改革，有防守的一面，也有进攻的一面。其在社交、流量领域稳住原来的优势，在云、内容方面则积极进攻。马化腾表示："此次主动革新是腾讯迈向下一个 20 年的新起点。它是一次非常重要的战略升级，互联网的下半场属于产业互联网。"对于中国科技互联网发展来说，每一次变革都既受潮流引领，又在引领潮流。

二、腾讯变革须闯三关

腾讯变革的成败就在于看它能否再次引领潮流，而要引领潮流、变革成功还须闯过三道关。

（一）战略转移与双向赋能

可以说，腾讯是一个非常重视消费者和用户体验的互联网公司，马化腾和张小龙都是十分出色的产品经理。但相比腾讯强大的 C 端，其 B 端和 G 端（政府）相对较弱。近两年，马化腾亲自力推的产品，或在公开场合出席的活动，几乎都与 to B（与商家对接）业务相关。其中最重要的，一是支付，二是云业务，二者都是 to B 业务的底层，在腾讯财报中以神秘的"其他业务"存在。与此同时，马化腾也通过中央政法委讲课，力推互联网为政府服务，为 to G（与政府对接）业务站台。不过，相比今日头条、网易对 G 端的重视和投入，腾讯还做得远远不够。

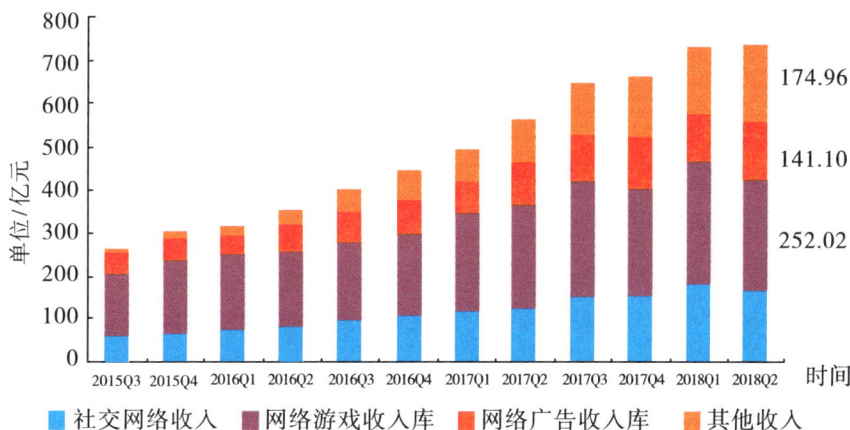

腾讯核心部门收入变动（2015—2018）

有观点认为，到 2020 年，来自支付和云服务相关领域的收入占比有可能首次超过游戏，届时腾讯才能最终摘掉"游戏公司"的帽子，成为一家综合性的互联网服务公司。然而，"腾讯这两年越来越暴露出一个隐患——无法在战略转型的关键岗位上获得优秀领导人才的补给，to B 业务整合难点就在于此"，一位接近腾讯的人士这样总结。相比陆奇之于百度、王坚之于阿里云，自 2014 年张志东离开腾讯，四年来腾讯一直没有 CTO（首席技术官）。腾讯在给用户赋能的同时，也不应忘记给高速发展的商业帝国赋能。

（二）连接一切与组织变革

作为中国两家最具代表性的互联网企业，以内部竞争和产品文化著称的腾讯，提供了一种较为开放的企业治理环境。而阿里巴巴的行事风格则全然不同。"风清扬"马云的战略决策是高举高打，企业治理也不拘一格。"去中心化"是网状的思维，这导致腾讯对于算法和数据的掌控力微弱。在"ABC"时代，这带来很严重的"数据墙"和"组织墙"的问题，腾讯的客户数据分散在各个部门，成为部门的"私有财产"，至今没有内部打通，也没有一个畅通的分享机制。

反观阿里巴巴，2015 年时就实施了一个非常重大的战略——"中台战略"。这个战略的核心就是整合阿里巴巴内部的所有数据，对内提供数据基础建设和统一的数据服务，对外提供服务商家的数据产品。几年下来，效果显著。放眼巨头的江湖，移动互联网格局几已定型，战略的重整、组织结构的裂变成为新时代的破题之义。如此看来腾讯的组织变革迫在眉睫，面对一大批工作 10 年甚至 15 年的老员工，他们的战功是在 QQ 与 MSN 之战中就已立下的。动谁好呢？这无疑给马化腾出了一道难题。

（三）思想突破与科技创新

真正的变革，不仅仅在于组织架构的改革，也不仅仅在于人的改革，最关键的是思想的改变。只有思想突破，才能真正脱胎换骨。此时，我们要关注一个要退休的人，那就是马云。其实马云的所谓退休只是退居二线，用更多的时间去思考战略问题（当然，退居二线不一定能有思想突破）。在刚刚结束的世界人工智能大会上，马化腾表示，连接人与人的极限就是几十亿个节点，但是如果连接人和物、人与服务，那么这个规模将会增长到几百亿甚至几千亿的量级。这简直就是 to everything（连接一切）的布局，其核心只能是云，而云架构需要思想突破。

中国的互联网公司还是以商业创新见长的，相比美国的科技互联网公司仍有不少差距，中兴事件的惨痛教训告诉我们：互联网企业离开科技创新是走不远的。正如马化腾所言："我们不只是要专注眼前的业务，更要立足于长远发展。战略升级的同时，腾讯将继续加强前沿科技的研发。"毛泽东诗词"雄关漫道真如铁，而今迈步从头越"正适用于求变争强的腾讯以及百度、阿里巴巴。因为此时 BAT 追兵们的脚步已越来越快。面对飞速发展的互联网，不仅要居安思危，还要居安思变，只有"变"是永恒的。

三、腾讯变革告诉我们什么？

那么，这个变革告诉我们什么呢？或者它给中国互联网发展带来哪些启示？我认为至少有以下几点：

第一，中国自 1994 年接入国际互联网以来，已迅速发展成为一个互联网大国，但二十几年的发展只能算是"青年"，我们离互联网强国还有较长的一段路要走，中国的互联网企业还需要不断成长。

第二，从平台到生态，从去中心化到再中心化，面对不断发展的互联网，中国互联网企业还须努力学习、奋力跟上。既要有产品思维，还要有产业思想；既要有商业创富，更要有科技创新。

第三，互联网是一个无标度的复杂系统，它存在于社会这个巨系统中。互联网企业任何一项变革既要让企业走出困境，让行业走出低谷，也要让网民得到实惠，让社会得以进步，大家好才是真的好。

（本文原载于"谭天论道"微信公众号，2018 年 10 月 5 日）

智媒体"智"在哪儿？

互联网时代的传媒业日新月异，新概念层出不穷，花样翻新，从新媒体到融媒体再到智媒体。近年来，随着人工智能的到来，智媒体出现的频次也越来越高。但是到底什么叫智媒体？或者说智媒体的"智"到底"智"在哪里？其实大家并不十分清楚，今天我就跟各位科普一下。

目前，关于智媒体还没有一个统一的定义，可以说众说纷纭，它是一种全新的媒体形态，具有智能化、效率高的优势，同时也带来新闻价值、信息安全方面的问题。所谓智媒体，是指立足于共享经济，充分发挥个人的认知盈余，基于移动互联、大数据、虚拟现实、人机交互等新技术的自强化的生态系统，形成了多元化、可持续的商业模式和赢利模式，实现信息与用户需求的智能匹配的媒体形态。

不少人从不同角度对智媒体作了许多描述：有人认为智媒体将成为继移动化、社交化、平台化之后媒体融合发展的下一个关键词。彭兰教授指出，智媒体主要包含三个特征：万物皆媒、人机合一和自我进化。我认为智媒体是互联网和新媒体发展的一个阶段性产物，它与人工智能（AI）和新一代互联网的发展紧密相关。

智媒体首先与人工智能紧密相关。我曾经写过两篇文章——《人工智能基础概念与误区》《AI时代来了？看它三大特征》，大家可以找来看看，我就不在这里多说了。那么，目前人工智能在传媒业中主要有哪些应用呢？我看主要有两个方面，一方面是机器人写稿和机器人播音，用于改善工作条件，提高工作效率；另一方面是推荐算法，用于内容分发，增强传播效果并由此带来效益。

2019年"两会"期间上岗的AI主播"新小萌"不仅让人耳目一新，而且也给目前我国独有的播音与主持专业敲响了警钟。大学还有必要培养播音员吗？确实，只要你输入的新闻稿是没错的，机器人播报可以做到零差错，这是人难以完全做到的。诚然，AI播音全面替代人工播音还要假以时日，它可以替代单向传播的播音，但在目前替代不了双向互动的主持人。问题在于，主持人是在学校里就能培养出来的吗？

AI "新小萌"①

机器人播音也好，机器人写稿也罢，都只能改变传媒业的生产流程和工作岗位，能改变整个传媒业态的是算法。算法把传媒内容的分发从过去的大众传播变成现在的精准传播，从而把内容传播最大化，但同时也出现"信息茧房"，把受众或者用户变成"算法囚徒"。这也说明目前人工智能在这方面的应用还处于初级阶段，如何优化算法，如何赋予算法更多价值观的东西，恐怕是智媒体未来发展的目标。

智媒体最基本的一个应用就是数据挖掘与数据分析。在大数据时代，媒体是怎样与用户连接在一起的呢？无疑是数据。通过数据挖掘，智媒体可以洞察社会，了解用户；通过用户画像，智媒体可以了解他们的需求，进而创造更好的内容和更多的服务来响应用户需求。它还可以为政府和商家提供数据产品，如舆情报告和商业咨询。

然而，我们不要以为大数据就意味着大智慧。如果不会科学地使用数据，或者数据处理方法不当，人们不仅拿不到真实的数据，还会被数据所误导。就目前不少提供数据服务的商业公司来看，在利润的驱动下所提供的数据产品未必是科学的，因此用户还须警惕大数据那些"坑"。可以说，数据素养是智媒体人的基本素养。

智媒体另一个应用往往被人们所忽视，那就是对物联网的应用。互联网是人与人之间的连接，物联网是人与物、物与物之间的连接。基于位置的服务（LBS）其实在传媒工作中具有很大的应用空间和实用价值，它可以辅助异地采

---

① 《新式神器实力抢镜》.《中国新闻出版广电报》2019 年 3 月 12 日。

访，也可以实现异地转播。

"双击快手的同城标签，你会看到一张地图，把坐标移动到这个世界的任何角落，然后，快手会向你展示这个坐标附近的一切。"有人计划用半年的时间去西北寻访散落在民间的穆斯林武术传人，但在快手上，他用三天的时间完成了素材收集。

比如日前我去郑州参加全国短视频创意峰会，想了解一下久违的郑州，于是在抖音上输入"郑州"二字，就检索出大量关于郑州的短视频。我通过这些视频可以目睹当下的郑州风貌，虽然不一定准确，但很直观。几亿遍布全球的抖音用户成为物联网的重要节点，通过连接和利用这些节点，可以为智媒体运营提供大量资源。

智媒体是一个数据平台的概念，是一个媒体融合的概念，也是一个媒介生态的概念。智媒体建立在大数据平台上，没有数据就没有用户，没有用户何来媒体？智媒体也不是单一形态的媒体，它是由媒体机构、自媒体和媒介平台构成的，因此智媒体是一个媒介生态系统。如同人的大脑，里面有不同的功能区并形成神经网络。

物联网可能大家比较陌生，其应用在我们的生活中比比皆是。散步时我看到一种花，但不知道它叫什么，于是把它拍下来放到朋友圈里求教。朋友们七嘴八舌贡献各种答案。有人建议我使用识花小程序，热心的朋友还用它帮我找到了答案：狗牙花，别名叫山马茶、马蹄花，为夹竹桃科，狗牙花属。其实这是人工智能的一个应用——图形识别。此时有人告诉我可以用华为手机的AI识物，用手机扫一扫功就能识别出来，无须使用小程序。她告诉我华为手机里还有很多隐藏的黑科技。

"形色"小程序识别狗牙花

　　此时，我想起在移动音频平台荔枝调研时问到他们如何把关——我知道音频的内容审核恐怕要比图文和视频更难，他们告诉我荔枝正在研发基于语音识别的智能把关。智媒体还有许多包括人工智能在内的高科技应用，我找到两篇文章——《"媒体大脑"的智媒演变：万物为媒　人机共生》《【探讨】智媒时代需要怎样的新闻传播人才?》，大家可以看看，我就不多说了。

　　智媒体的"智"还处于初步阶段，智媒体还会变得越来越聪明；人工智能还在路上，万物皆媒，人机共生，与智媒体一起成长的人会变得越来越聪明吗？智媒体就是智慧的媒体，而最重要的"智"首先在于人，如果媒体人观念落后、思维僵化、畏于创新、安于现状，智媒体也是智慧不起来的。

　　　　　　　　　　　　（本文原载于"谭天论道"微信公众号，2019 年 5 月 6 日）

新型媒体的打开方式

新型媒体是在互联网新技术背景下出现的，以传统媒体为依托、以新兴媒体为平台提供内容和服务的新型媒介组织。随着深度融合的推进，传统媒体正努力向新型媒体转型。其实，传统媒体转型早已启动，但大多收效甚微，要么推进缓慢，要么走了弯路，交了不少学费。导致过一结果的原因有很多，我认为其中最主要的原因就是没有找到正确的打开方式。

一、媒体转型要用"背越式"

彭兰教授认为，移动化、社交化、智能化是媒体转型的三个路径。没错，但这只是媒体转型的必要条件，还不是充分条件。观念改变、科学管理和制度创新才是媒体转型的充分条件。只有同时具备充分必要条件，媒体转型才能顺利打开，并取得成功。

跳高有两种方式——背越式和跨越式，区别在于头先过还是脚先过。早期跨越式多被跳高运动员采用，后来逐渐被更先进的背越式所取代，因为越杆时人的重心高，因此用背越式能够征服更高的横杆。我国运动员朱建华就是用背越式三破世界纪录的。把跳高的原理移植到媒体转型这件事情上，头先过即意为观念先行，脚先过则意为行动在先。

现在传统媒体的转型大多是跨越式，动作频频，不断加力，说得好听点就是试水，说得不好听就是折腾——大多是没有想清楚，结果交了学费却功亏一篑，致使转型迄今乏善可陈。因此，媒体转型亟待改变方式，由跨越式变为背越式，通过理论创新来转变观念，通过转变观念来指导转型。只有新思维、新观念才能促使转型行动的成功。

也许有人说我们一直在上级的正确领导下进行转型呀，难道说我们的思想观念有问题？上级领导指明了正确的政治方向，但不等于告诉了你传播观念和市场规律。无论是互联网思维还是"互联网＋"，都不是意识形态的产物，而是社会形态和媒介生态变化的产物。因此，颠覆传统观念，创新传媒理念，还需要改造我们的学习，还需要脱胎换骨的蜕变。

实践出真知，但过多盲目的行动也会导致挫败连连，从而大大影响媒体转型的信心和决心。因此，转型的探索一定要建立在科学研究和理论分析的基础上，要有理论支持，要有科学依据，这样即使探索失败了也会知道失败的原因。这里我要强调一点，观念更新不要唯上而要唯实，这个"实"是指遵从客观规律的媒体转型，顺应传媒趋势的科学发展观。

诚然，头先过的观念先行，免不了借用"外脑"，请专家把脉、请学者开导。请专家可是一门技术活。请专家讲课也好，咨询也罢，要会请，官大未必学问大，要找到每个领域的专业权威很考验媒体的专业眼光。说实话，如今伪专家不少，或者他在别的领域可能是专家，在这一新领域则未必，当今真正懂媒体并能站在学术前沿的专家是一种稀缺资源，借脑先要目明，名师不如明师。

二、传播技能比制作技术更重要

当今每当报道两会的时候，必是我国新媒体、新技术亮相登台的大好时机。日前，新华社与阿里巴巴合作推出"媒体大脑"制作的视频新闻《2018 两会 MGC 舆情热点》。这条新闻从 5 亿网页中梳理出两会舆情热词，生成可视化图表并加上配音、配图和视频剪辑，这些都由"媒体大脑"自动完成，整个生产过程仅用时 15 秒！这一 MGC（机器生产内容）视频新闻将人工智能在新闻报道领域的作用推入深度领域，在全球媒体中尚属首次，可喜可贺！

但我今天要说的是：对于新媒体来讲，内容生产固然重要，从技术层面来说内容传播其实更重要，或者说传播技能比制作技术更重要。比如说 MGC 制作出来的新闻既快又好，但如果不能很好地传播到用户那里，不能到达移动终端，不能进入社交网络的话，也是徒劳。当下传统媒体转型做新媒体，内容生产的思维很强，内容传播的意识相对较弱，他们往往习惯把新闻看作作品而非产品，或者重视内容产品而忽略内容产品的传播。当今新闻，分发与推送的重要性不亚于制作。

传播技术是指信息传播技术，这里主要指网络传播技术，其主要功能是实现信息快速、可靠、安全地转移。它包括搜索引擎、微博、微信、App、小程序等。传播技能就是运用这些技术的能力。制作技术是指媒体制作技术，这里主要指数字媒体技术。其主要功能是进行数字化制作，包含场景设计、角色形象设计、游戏程序设计、多媒体后期处理、人机交互技术等。前者是在线应用，后者是离线生产，但二者是相互依存的。比如说我们制作一个非常棒的人机交互的 H5，但通过什么渠道传播，借助什么平台分发，采用什么形式推送，这些就是传播技能问题。

还是拿新闻来说，如今不断引进各种新技术：新闻可视化、无人机拍摄、VR 新闻、机器新闻乃至新闻生产集成的"中央厨房"，可谓十八般兵器轮番上阵，然而传播效果到底如何呢？能否很好地覆盖到各个终端？能否很好地到达每一个用户？这些都有待检验。我认为在移动互联网和大数据时代，各种传播技术的娴熟运用和巧妙布局其实更为重要。开辟新渠道，对接大平台，打造新媒体矩阵，缺一不可；分发、推送、互动与搜索等各种传播手段需要组合运用。

当今传统媒体的新媒体传播要从"两微一端"的自建渠道推进到接入各互联网平台的全网分发，进而到基于算法的智能推荐。一方面，传统媒体要与新兴媒体展开深度融合，把你的用户变成我的用户，把我的内容对接你的传播；另一方面，新型媒体要通过互动增加用户黏度，通过数据分析洞察用户，通过人工智能服务用户。无社交不传播，社群的嵌入，朋友圈的二次传播，话题引发传播，我们要掌握新的传播方式、学习新的传播技能。

诚然，现在不少传播技术也内嵌在制作技术中，例如 H5 新闻，把内容寓于互动中，互动就是很好的传播方式。现在有些官方微博关闭了评论功能，虽然降低了评论带来的风险，却令其传播力也大打折扣。现在还有些传统媒体做的新媒体，利用行政手段来进行强制性传播，但这种强推的效果并不好，不改变话语方式，不看传播对象，一味向朋友圈和微信群强推，甚至进行狂轰滥炸，往往会导致用户反感，最终不是拉黑就是取关。最好的传播应该是满足用户需求的分享，是以用户为中心的服务，传播技术实际上是一种连接服务。

传统的新闻教育主要是内容生产，不少传统媒体人向我请教新媒体，往往会问我他们的内容做得如何，文字、标题、排版、包装做得怎么样，我会问他们如何推广，用户活跃度如何，如何接入平台进行分发，不少人对此一脸茫然，因为这是过去新闻学教科书中没有的内容。但现在越来越多的人感到困惑：为什么自己的内容做得这么好，却不见涨粉？我想问题无非有两个：一是何为内容好，是你认为好还是用户认为好？二是假设你的内容好，你的传播做得好不好呢？

酒香也怕巷子深，在社会化传播时代，我们不仅要成为酿酒的工匠（当然工匠精神很重要），还要成为营销的高手。在社会化传播中，大众传播、人际传播、组织传播、关系传播无所不有，各种社会资源的整合、转换与利用无所不用，我们还要努力学习和掌握"互联网＋"、传播新观念、产品思维与用户意识。传统媒体转型至少需要增设三个岗位——数据分析师、产品经理和新闻策展人，习惯内容生产的传统媒体、偏爱制作技术的新型媒体要向新兴媒体学习，掌握更多传播技能，学习更好的运营方法。最后补充一句，这里强调传播的重要性并不等于否认内容的重要性，内容如何改变、如何创新是另一个需要深入讨论的问题。

三、越不像媒体越有出路

我与业界朋友讨论问题时经常谈到一些媒体转型中的大胆创新，有的媒体人对某些创新一时接受不了，认为这样变得不像媒体了。对此，我认为"或许，越不像电视台，越不像媒体，越有出路"。本想以此为题写一篇文章，但因为忙于国家课题研究，我的朋友、国广东方的王明轩捷足先登写出《或许，越不像电视台，越不像媒体，越有出路——传统媒体要学会降维生存》一文，这篇大作被 14 家公众号转载！

王总大作洋洋洒洒，对传统媒体求生存的历史和现状作了很好的梳理。他在文中指出："千万不能停留在过去传统媒体肤浅的信息提供者角色，仅限于更新点内容就以为万事大吉了。而是要做媒体与受众的互动者，受众活动的组织者；不仅是信息的提供者，更是信息的服务者，甚至是信息所涉及产品的销售者。在这方面，我特别欣赏暨南大学谭天教授的一句话：或许，越不像电视台，越不像媒体，越有出路！"

"或许，越不像电视台，越不像媒体，越有出路"这一句话是在特定语境中说的，这里所说的电视台和媒体均指传统媒体，更准确地说是指中国的传统媒体。传统媒体是一种封闭式、中心化的媒介组织，它的组织形态是辐射式的。反观新兴媒体，是开放式的媒介组织，它的组织结构是分布式的网络结构，在这样的基础上形成了去中心化与再中心化并存的媒介平台。具体来说就是聚合资源、响应需求、创造价值，由此派生出用户生产、服务定制、连接创新等运营模式，而这些都是传统媒体不会去做的。所以说，只有不像媒体的"媒体"才可能有出路。

我的研究生，广州有料文化传播公司 CEO（首席执行官）曾未说得好：

"现在很多传统媒体人把新媒体视为竞争对手，而不是下一个阶段的自己。"当然，传统媒体变身新兴媒体是不可能的，但转型为新型媒体是有可能的。但这需要解决两大问题：一是观念和思维，二是体制和机制。这对于大多数传统媒体或媒体人并不容易，对于一些思想僵化、组织固化的媒体来说，转向新型媒体几无可能。

四、只看本行业经验难有大出息

在我面向媒体人讲课时，媒体人问得最多的就是："谭教授您走的地方多，见多识广，能告诉我咱们这个行业有什么成功经验和案例吗？"我心里总在想，你们为什么不问一下其他行业的成功经验和案例呢？尤其是碾压传统媒体行业的互联网行业。这种封闭的行业思维在各行各业都有，但传统媒体尤甚。

我并不是说不要学习借鉴本行业成功经验，这是绝对需要的，但仅仅如此是远远不够的。俗话说"他山之石，可以攻玉"，就是这个道理。这些年我关注和研究互联网比较多，反过来再看传统媒体，感觉他们特别傻（不好意思，"躺枪"的朋友别骂我），感觉大多思路不活、想法不多，恐怕跟这种封闭式思维不无关系。

学习本行业成功经验一般来说比较保险，毕竟枪打出头鸟，"拿来主义"风险成本要少得多。但这种学习能不能学好另说，即使能学好也是模仿别人，跟在别人屁股后面跑能有多大出息呢？况且一味模仿不仅难以追赶，还会形成一种慵懒作风。借鉴其他行业成功经验，在本行业没准就是一个发明、一大创新。

到底是出于什么原因会产生这种井底之蛙思想呢？我猜想无非三个原因：一是畏难情绪，不加分析地认为其他行业情况不同，咱学不来！二是懒惰思想，要借鉴其他行业经验就要全面深入了解他们，太费事！三是不敢担当，复制本行业成功经验风险小，借鉴其他行业风险大，还是省省吧！

其实风险大也意味着获利大，再说远亲嫁接可以优生优育。自古以来，大多数创新的灵感都来自外部，因为它是颠覆本行业的东西。而互联网时代的创新几乎都是在跨界融合中产生的。当然，其他行业的经验不能照搬照套，要消化吸收，要内化为自己的东西才行，但更重要的还是决心和勇气。

传媒人其实最有条件接触各行各业的人，如果广交业外朋友的话，也有很多了解其他行业先进经验的机会。比如我做传媒时在其他行业就有不少朋友，直到现在也不放过与其他专业领域朋友请教的机会。因此同行总觉得我的思路宽、点子多，一些想法往往超乎大家的想象。

反观一些转型缓慢的传统媒体，最重要的原因就是为封闭式的行业思维所累。目光短浅，故步自封，视野不宽，比如说在任何合作中总是想着以自己为主导的零和博弈，根本不懂互联网时代那种开放式的非零和博弈，由此导致融合的机会一再错失，转型的路子越走越窄。

传媒虽有汇天下之精华的传统，但不要只限于内容方面。在转型和创新中，业外创新更值得关注，业外经验更值得借鉴。大传播时代跨界已成为新常态，因此行业壁垒必须打破！

参考文献

[1] 谭天、林籽舟：《新型主流媒体的界定、构成与实现》，《新闻爱好者》2015 年第 7 期。

[2] 彭兰：《移动化、社交化、智能化：传统媒体转型的三大路径》，《新闻界》2018 年第 1 期。

（本文原载于《视听界》2018 年第 5 期）

新闻传播学三"劫"：学科、专业、教师

道家谓天地一成一毁为一劫，有点像佛家的轮回。术数家亦指命中注定的厄运，大难，大限，所谓在劫难逃。劫，其实是一个中性词，是古代道家的宏观时间概念之一。当今我国新闻传播学发展，学科、专业和教师就是三个绕不开的劫。

一、从"新闻无学"到学科重建

众所周知，新闻传播学是一个年轻的学科。在我国很长时间只有新闻学，而且长期以来备受"新闻无学"的困扰。新闻传播学的大发展始于改革开放之后，传播学从国外进入国内，与新闻学合为新闻传播学一级学科。可以说改革开放后三十年多里，新闻学只做了一件大事，就是走进了传播学，或者新闻学被传播学"武装"起来了。

2004 年，我从业界转入学界任广播电视新闻学系主任。我觉得很奇怪，从广播电视业的人才培养来看，仅学广播电视新闻是远远不够的，一个读新闻学的人去做广电新闻也是完全没有问题的，广播电视新闻学的核心价值何在？所以我只叫广电系而不叫全称，后来教育部把它改为广播电视学，并从二级学科新闻学属下出来，成为一个二级学科。

2000 年以来，随着传媒业的高速发展和互联网的兴起，社会对新闻传播学人才的需求旺盛，出现了新的分支学科，办起了众多新专业，新闻传播学的家族也变得庞杂起来。我觉得新闻学好比文科里的工科，传播学好比文科里的理科。按说有了传播学加持，新闻传播学的腰杆可以挺直了，其实并不然，新的冲击和挑战来了。在年轻的新闻传播学科还立足未稳时，互联网和新媒体的兴起影响了整个传播环境和媒介生态。李良荣教授用"小新闻，大传播"来描述新的传播格局，我加上一个"新业态"。面对新的现实，我提出我们不仅要走进传播学，还要走出传播学。祝建华教授表示异议：走出传播学，（他以为是离开传播学）那要走到哪里去？

彭兰教授理解我的意思，走出传播学并不等于离开传播学，而是走到传播

学的门外，看看有哪些学科的理论能为新闻传播学所用。近年来，新闻传播在学科建设与发展中不断地吸收其他学科的研究成果，社会学、经济学、政治学、管理学、心理学乃至计算机科学等自然科学。于是，出现了新的学科——认知传播学、发展新闻学、计算传播学等。

我国新闻传播学的学术活动一直在新闻史学会的统领下展开，因为新闻史学会不仅历史最长，而且是唯一的一级学会。在行政管理和政绩工程的驱动下，学术活动虽然十分频繁但真正的学术成果并不多，笔者曾在《新闻传播学界的会风要改》一文中抨击这种浮躁且浮夸的学术"大跃进"。

我认为一个学科的发展需要对话：学界与业界的对话，跨学科的对话。前者还好，后者则比较困难，处于弱势地位的新闻传播学难以取得平等对话的机会。其实传播学本身就有跨学科的传统，当初其奠基人施拉姆并不想把它建成一个独立的学科，而是将其视为统摄诸学科的一个领域，但未能如愿，最终传播学还是成了一个"山头"。

近年来，在研究生开题时常有老师问我某个选题算不算新闻学、哪个研究算不算传播学的，其实我也有这样的疑问。我曾问一位学者，你的研究到底是社会学研究还是传播学研究？传播学是个"筐"，什么都可以往里装。那么，新闻传播学的边界在哪儿？毫无疑问，这个边界是模糊的，但这并不重要，因为如今跨界已经成为常态。

但是从人才培养和专业设置来说，新闻传播学及其专业还是要有一个边界。然而，从陈旧落后的专业目录和名称混乱的专业招生，可见专业设置已跟不上学科和市场发展的需要。在学科互涉和知识越界的驱动下，中南大学办起了跨专业的融媒人才实验班，清华大学则干脆取消新闻本科招生。学科建设路在何方？

近年来，不少学者对新闻传播学科建设展开反思，提出不少建设性的意见和观点，但在宏观整体上还没有形成共识。2015年中国人民大学举办新闻教育60年系列论坛时，我去参加并在论坛大胆地提出把一级学科新闻传播学改名的新观点，即"新闻学与传播学"改为"传播学与传媒学"，一石激起千层浪，学界一片哗然。

把"新闻学与传播学"改为"传播学与传媒学"，既兼顾学术与应用，也拓展内涵与外延。虽然说传播学有学科综合的传统，但仅凭传播学也难以涵盖整个传媒研究。把这一学科范畴定位在传播与传媒的交集区，可以把学科的主体内涵与跨学科的外延结合起来，一方面既可以保持这一学科的主体性，另一方面也可以令这一学科更贴近传媒。

我认为学科重建有三个维度和两大体系。三个维度：一个是理论研究的学术维度，一个是传媒研究的应用维度，一个是教育研究的服务维度。两大体系：一个是研究传播与社会系统的关系，实际上是研究以传播为主旨的社会关系；一个是研究传媒系统中各生产要素之间的关系，实际上是研究传媒及相关系统的生产关系。

《从"新闻学与传播学"到"传播学与传媒学"》一文在《新闻记者》发表后，得到除新闻学以外不少学者大伽的认同和支持。也有人认为：岂有此理，谭教授你竟敢把新闻学老大甩掉?! 其实，我并不是不要新闻学，而是把它放在二级学科。当然，仁者见仁，智者见智，我希望包括新闻学学者在内的学术同仁提出不同的看法。

在《双城记》开篇，狄更斯说："这是一个最好的时代，也是一个最坏的时代。"王鹏飞教授在《剧变的媒介与追逐的学科》一文中指出：在这个突发疫情为我们带来的短暂停歇之中，新闻传播学科的学人和学生，是否也应该借此机会沉静一下，去思考在新媒介快速的产生与消失之后，真正的学科何为？

新闻传播学科是什么不重要，新闻传播学科是什么的讨论很重要。同时也要让脚步慢下来让灵魂跟上。

二、新闻传播专业怎么办？

随着新闻传播学科的迅速发展，全国各高校纷纷办起了新闻传播专业，各专业数量大增。与此同时，问题也接踵而来，一是因学科年轻而专业不成熟体系不完善，二是因师资欠缺专业建设困难重重，三是因形势变化太快专业发展飘忽不定。当然，还与学校重视程度、学科带头人、经费投入等有关。

有数据显示，1998 年全国高校开设新闻系的仅 70 余所，总招生人数是5 920人。但到了 2010 年，全国已有 500 多所学校开设新闻系，招生人数达75 000人。截至 2019 年，全国新闻传播类本科专业点 1 352 个，其中新闻学 336个，广播电视学 230 个，广告学 368 个，传播学 80 个，编辑出版 71 个，网络与新媒体 246 个，数字出版 19 个，时尚传播 1 个，国际新闻与传播 1 个。

2018 年《新周刊》有一篇文章，题目是："新闻传播，中国大学最没用专业?"一方面，新闻传播类专业的毕业生不一定从事传媒行业，而不学这个专业的也可以在传媒混得不错，比如本人；另一方面，新闻传播类专业不只是为传媒培养人才，在当今这个泛传播时代，各行各业都需要新闻传播人才。只是专业建设是否达到人才培养的要求。

笔者迄今为止已参与和指导数十个新闻传播类专业建设，感觉它总在不断的变化中，既有发展也有无奈。就拿笔者所在的广电专业来说吧，之前叫广播电视新闻学，后来改为广播电视学。当电视业如日中天的时候，广电专业曾是新传院招生中录取分数最高的专业。但如今有些院校的广电专业已改为网络与新媒体专业。

广电专业处于一个十分尴尬的位置，它与艺术学、教育技术学等学科专业交叉，不同学校设在不同院系。它与广播电视编导相近，有的还衍生出播音主持艺术专业。前有新闻无学，后有广电无学，这个实操性较强涉及面较广的专业始终处于一个说不清理还乱的状态。广告和编辑专业也有类似的困惑，而网络与新媒体更是五花八门。

专业建设是为人才培养服务的，而人才培养主要体现在课程设置上。教育部规定了专业的主干课程，这些课程是必须开设的。诚然，对专业建设有要求有规范是好的，但这样的课程设置能跟得上专业发展吗？当然，还有选修课来补救。各校根据自己的专业特色，设置了专业方向和课程包，甚至还开设了工作坊、训练营等创新项目。

一个新专业到底该如何办？其定位和理念是什么？如何建立一个科学合理的课程体系？如何解决教学与实践的结合？如何解决基础学习与行业应用的矛盾？尤其是网络与新媒体，要学的东西太多了，会不会办成一个技能培训班？高校在教授学生必要的专业技能的同时，如何培养学生的学习能力和创新精神？

新闻传播学专业建设面临的一系列问题深深地困扰着我们，无数的研讨、不断的教改让我们不停地思考，也取得不少成果，但问题远远未能完全解决。老的问题解决了，新的问题又出现了，或许这已成为新常态了吧。不过，不管是老瓶装新酒还是新瓶装旧酒，办学效果和社会评价是检验人才培养的唯一标准。

早期的专业因师资缺乏多是因人设课，有了师资之后又发现专业也有了不少变化。新闻传播类专业由传统的人文学科转向人文社科综合，进入互联网时代后还需要理工科的学科支援。课程调整与师资配置都面临新的挑战，怎么办？

无非是校内整合和校外招聘，但无论哪一种，都需要长时间的学科融合与体系建立。

不少专业总是抱怨学校领导不重视，尤其是在非新闻学院，总觉得办学条件不好，但也有不少专业在努力探索奋力前行。大概在10年前，我看到重庆工商大学传媒学院腾出一层楼，把重庆电视台的一个频道搬进去，实现产学结合。近年来，许多新闻传播类专业纷纷与政府、媒体和企业合作，借助社会力量和资源助推专业建设。

新闻传播类专业设置与建设都在拼命追逐急剧变化的传媒业发展，有条件要上，没有条件也要上。以近三年蜂拥而上的网络与新媒体为例，大多是缺教材缺师资，课程开得乱七八糟，只能是误人子弟。在媒介剧变时代，新闻传播学科的学人、学术和学生，陷入了一种独立性不断遭到弱化的"追逐"怪圈。专业建设对此要引起警惕。

蔡雯教授归纳出我国新闻教育普遍存在的六大问题：新闻教育规模及人才培养定位、新闻教育的创新与守成、师资队伍建设、复合型人才培养、专业硕士教育、资金与实验条件保障。当然问题远远不止这些。笔者认为新闻传播专业建设面临最大的问题就是我们对传媒和传播现状和发展缺乏真正的了解。

在高水平大学更多的是采用实验班形式来打破专业的壁垒。而一些地方院校则因地制宜，有的放开手脚也能闯出一条新路。贺州学院与凤凰教育集团深度合作，让媒体来帮助自己培养人才；而广西民族师范学院的新闻专业更是一只边疆飞出的金凤凰，他们充分利用部校共建、边疆少数民族扶持政策等社会资源，专业办得有声有色。

新闻传播类专业建设面临的形势和挑战依然严峻。"新闻传播教育处于持续变革期，各种问题与矛盾交织在一起，而'滞后于业界'是普遍共识。面对这种滞后，理论素养与技术技能孰轻孰重，教改目标管理与师资人文关怀孰缓孰急，学科交叉融合孰主孰次，都是短期内难以定论和解决的问题。"

新闻传播类专业建设既然还没有一定之规，那么就先来个"八仙过海，各显神通"吧。问题是不要因为出发太久而忘了为什么出发。

三、折腾中的新闻传播教师

在中国高校，最悲催群体之一莫过于新闻传播学的老师们了，他们不是在折腾就是在被折腾的路上狂奔。刚从微博讲到微信不久，又要讲短视频和直播，而不少教材还是十多年前的那些内容。老师在讲台上滔滔不绝，拼尽全力，依然无法把学生从手机里那个精彩无比的世界拉回来，结果是老师不如意，学生不满意。

中国新闻教育已跨过百年。截至 2018 年，全国已有 681 所高校开设了 1 244 个新闻传播本科专业点，在校本科生约 23 万人，一级硕士点 115 个，新闻与传播专业硕士授权点 165 所。根据教育部公布的数据，2020 届高校毕业生规模达 874 万人，人数再创历史新高，同比增加 40 万人，增量、增幅均为近年之最，就业形势严峻。招生热、就业难，是新闻传播专业面对的现实。

近十年来，随着新闻传播学的发展，专业越开越多，招生人数大增，教师队伍也逐步壮大起来，但数量的增加并不能掩盖质量跟不上的窘迫。招博士！招博士！重金招聘!! 然而，僧多粥少，许多条件较差的地方院校很难抢到博士，即使好不容易抢到，刚走出校门的博士也未必一下子讲台上就能站得稳。一些条件较好的新闻院系，近年来通过引进海内外高层次人才，科研水平是有了较大的提高（至少在数量上），然而，在教学改革和人才培养上压力依然很大。重科研轻教学，政绩和面子的双重驱动、各种评估和评比的折腾耗费了老师们大量的教学时间。老师们接触传媒和实践的机会极少，"纸上谈兵"日益严重。

新闻传播（尤其是新闻）从学校到职场，从选择到被选，往往是一部有关新闻理想的"罗曼蒂克消亡史"。最直观的反映是薪资，在传统媒体陷入困境的时候，坚守理想需要更大的勇气和韧性。投入巨大的新闻教育，即使是一流的新闻院系培养的学生，进入传媒业的比例也不高，这说明它是一个投入产出比很低的专业吗？

互联网时代，我们到底要培养什么样的新闻传播人才？懂得采写编播评就够了吗？会写论文不会实操，行吗？复合型人才到底是怎样一个复合法？难道是什么都学什么都不精？新闻传播教育如何有所为有所不为？通过什么方式来有所为，通过什么办法让学生从不为变成有为？这次疫情给网络教育和校外教育提供了实验机会。

新闻传播人才在可就业行业中竞争优势不明显
媒体更加青睐跨领域人才

新闻传媒人才可就业行业总体要求

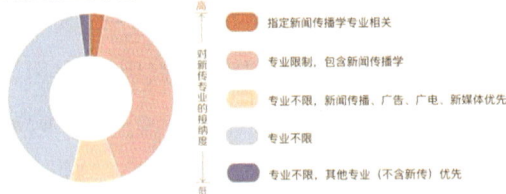

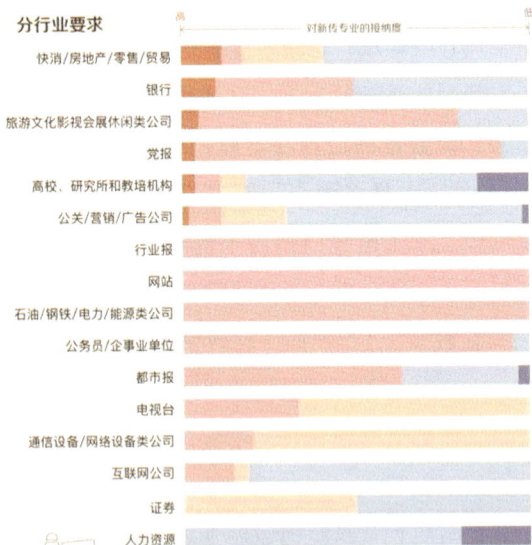

来源：RUC 新闻坊数据与新闻研究中心。

诚然，不少新闻院系还是为提高教师水平做出了很大的努力。通过教师访学、名师讲学、引进人才、教改激励、联合办学、产学研合作等多种方式来增强教学力量。广州华商学院充分利用社会资源，一方面开办学术前沿系列讲座，经常邀请学界和业界大伽传经送宝，另一方面与业界合作成立未来媒体研究院。

部校共建也助推新闻院系教学改革，教师到媒体挂职，媒体精英到学校讲学，这种双向驱动无疑让新闻教育接地气，然而受惠的新闻院系还是太少。新闻院系两极分化，边远和欠发达地区的新闻教育堪忧。例如，笔者曾去河南周口学院讲学，他们说曾邀请过一位大伽来讲学，因当地没有机场只好作罢。

近年来，新闻学界大量的学术会议和各地各种培训也有助于提高教师尤其是青年教师的水平，如中国人民大学出版社办的每年一度的教师高级研修班就深受欢迎。许多学校也对教师进修和参会给予支持，当然视其财力和重视程度不同而支持力度不同。"走出去，请进来"都能促进教师教学，但教师自身的努力是最根本的。

智媒时代，新闻传播学教师也要变得更聪明，借助新媒体建立虚拟教室，教学改革大有可为。笔者就是利用自媒体将课堂教学拓展到课室这个物理空间之外，同时让学生运营自媒体开展网上实训，还邀请业界老师来参加仿真度很高的实战考试。传统的课堂表演秀式的教学竞赛已经不能适应时代要求和学术需求。

"教什么"和"怎么教"是摆在新闻传播教师面前的一大考题。新闻专业教师的专业性体现在哪里？是新技能还是新思想，是本专业还是跨学科？面对日新月异的新技术，不断升级的新媒体，瞬间万变的新传播，一方面传媒业对新闻传播人才专业要求更高，另一方面媒体也更加青睐跨领域的人才，指定新闻传播学相关的岗位仅占3.8%。

新华社新媒体中心的编辑周晓丽在接受RUC新闻坊采访时表示："短期来看科班出身上手快，但是长远来讲还是要看谁投入的有效时间多。这种投入不只是工作时间，还有你对这个行业的思考和投入。谁思考更深入，投入的精力更多，谁就会胜出。"她本人毕业于北京大学国际关系学院。笔者作为高级记者和新闻传播教授，也是非新闻科班出身。

近年来，不少新闻院系都有意给教师队伍"掺沙子"，积极引进计算机、心理学、社会学等相关学科的人才，希望通过改变师资结构来提高教学水平。在这方面，一些理工科大学有一定的优势，如清华大学、哈尔滨工业大学、中南大学等，不过，文理渗透和磨合还需要假以时日，还需要找到合适的融合模式。

既然我们的老师一时难负重任，能不能走出狭小的学科专业，走到其他学科走出校门走进传媒？既然我们的教室难以拴住学生，何不把教室搬个地方，把它搬到网上搬到传媒中？日前一位青年老师跟笔者讨论把学生送到融媒体中心去实习和上课，既能解决学生实践不足的问题也能解决媒体人手不足的问题。我鼓励这种尝试。

新闻传播类专业教师是当今最具挑战性的岗位之一，问题是你有迎接挑战的决心和勇气、想象力和创造力吗？

劫，也是一个围棋术语，"打劫"是指形成和破解复杂局面的过程。新闻传播学发展不也正处于这样一个过程中吗？我们该如何打劫？融合创新？思维革命？自我进化？这是每一个新闻传播学人都需要思考的问题。

（本文原载于"谭天论道"公众号，2020年6月22日）

网络评论

　　从电视评论到网络评论，从记者到学者，评论不仅可以练就自己的逻辑思维能力，也可以保持学者的敏锐度，还能起到干预社会的舆论监督作用。指点江山，激扬评论，那是新闻人的使命；独立之精神，自由之思想，也存在于传播者的网评中。

朋友圈，害你？帮你？

现在不少人沉迷于微信，长时间陷在朋友圈里不能自拔。最近，越来越多朋友关闭了朋友圈，但仍然有许多人对朋友圈不离不弃，包括本人。那么，朋友圈到底是祸，是福，还真不是能够简单回答的，这要细说一下。

一、逃离朋友圈

微信朋友圈，是腾讯微信内设置的一个社交功能，这种基于熟人强关系的社交连接曾经给我们多大的惊喜啊，它可以让你最亲近的人、最熟悉的朋友24小时仿佛都在你身边。然而，好景不长，这个私密空间慢慢变成了公共广场：贴广告卖东西的进来了，晒图卖萌的多起来了，闺密开始做起了微商，你总不能袖手旁观吧？今天我帮她转发一下，明天她帮我推一小广告，大家一起来"祸害"朋友吧！朋友圈陷入"羡慕别人"和"处心积虑让别人羡慕"的荒谬境地，一个人格调有多高取决于他（她）在朋友圈里的表现。

然而，朋友圈的诱惑实在太大，它成功地在手机上搭建了当下中国人最大的社交圈，极大地满足了国人对信息和社交的需求。过去找人要找号码打电话，现在手指轻轻一碰就行。我早已不看报纸电视，新闻客户端也不常看，但重要新闻一定不会漏掉，因为根据六度空间理论，我的朋友一定会传到朋友圈。

微信朋友们会在朋友圈分享许许多多有意思的内容，再加上频繁的互动，这会让你时刻离不开它。上课要看朋友圈，走路要看朋友圈，睡前还要再看一看朋友圈。许多人患上了朋友圈依赖症。例如，我有一研究生是该症重症患者，三令五申难以戒瘾，吃饭时我把她的手机拿过来，但稍不留意她又偷偷拿回去。

朋友圈给我们带来许多社会资源，但它也浪费我们太多时间。长久地活在一个虚拟的世界里，真的好吗？那么，朋友圈到底是魔鬼还是天使？其实，朋友圈只是一个社交工具，无所谓好坏，关键在于如何管理和使用朋友圈。

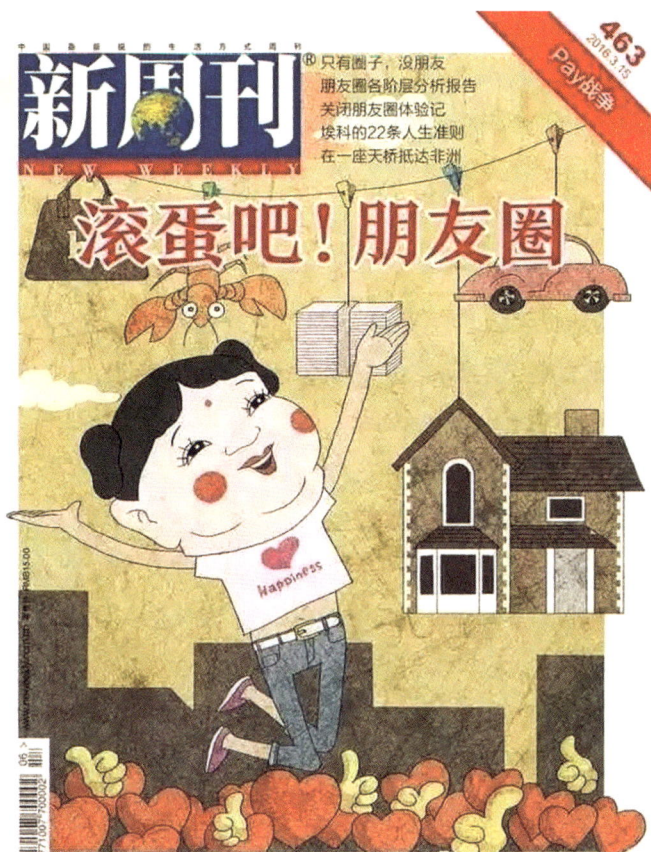

《新周刊》2016 年 3 月封面

二、我该拉黑谁?

如今在各种社交场合不用派名片，互相扫一扫微信就行。而由于微信的连接功能，对方即刻就会进入你的朋友圈。但是这些萍水相逢、一面之缘的"朋友"真是值得深交的吗? 于是，有些人拒绝加微信，但更多的人碍于情面不得不加，但并没有添加到朋友圈，有的还一转身就把对方删除。

交流是要对等的，人以群分，朋友圈是一种圈子文化，圈里圈外形成一定的社交圈层，那些地位层次、兴趣爱好相同或相近的人才能待在一起。一个人要进入某个人的朋友圈就必须拥有与这个朋友圈相匹配的个人社会资本。为了避免尴尬，我建议你也别随便加别人，因为可能面临两种情况：要么被当面拒绝下不来台，要么转身他把你拉黑。即使你侥幸进入，也可能被冷落。

有些人把朋友圈当作工作群，推广各种业务，这些都是朋友圈"毒药"，难道你愿意他们把你宝贵的休闲余暇都侵占了吗？有人甚至把论坛的直播拉进朋友圈，甚至美其名曰："朋友圈直播"是中国传播学的新趋势。真是细思极恐。我认为朋友圈是一个相对轻松的私人空间，许多人不想让工作过多打扰自己的私生活，尤其是直播这种长时间的强侵入。朋友圈与公众号、微信群的功能定位是不同的。相比之下，休闲、有趣、益智的美图、好文、微视频较易分享到朋友圈。朋友圈已成为重要的社交领地，但许多人已把一些硬接入拉黑，有些人甚至因不堪其扰而关闭朋友圈。

我对进入朋友圈的朋友是谨慎选择的，我有三个原则：一是熟人，一般要见过面；二是对等，这样我们可以分享彼此需要的东西；三是有趣的人，他能给我带来高品质的愉悦。我把一些一味晒美食的小朋友踢出去，也把一些端着的领导、不交流的学者请出去。为了不让你的朋友圈陷入无聊与嘈杂，守护你手机上的精神家园吧！

为了提高朋友圈信息共享的效度，我不仅会把一些太闹的朋友拉黑，也会把一些"潜水者"拉黑，缺乏共享就没必要待在里面了，当然我会把他存在通讯录里。为了有效交流，不要怕得罪人，何况大多数所谓"朋友"也只是萍水相逢。要让朋友圈成为工作的帮手、学习的窗口、社交的人脉，不断地整理和优化朋友圈就应成为你的重要功课。

三、优化朋友圈

有朋友表示，毕竟朋友圈是个比较封闭的圈子，只有黏性非常高的文章，才可以迅速在朋友圈里传播。现在朋友们转发的文章，一般我都没空去打开看，最多看看他们前面写的推荐的话。不同的人对自己朋友圈的定位也不一样，有的侧重工作学习，有的偏爱生活娱乐。重要的是要区分朋友圈与微信群、微博的功能定位，有所为有所不为。切记：千万别把朋友圈看成万能的社交工具。朋友圈应是我们社交活动中最核心的一部分，要细心打理和用心呵护。

朋友圈管理有很多方法，有的将朋友分组管理，有的不定期整理一下，有的朋友选择不让他看，有的选择不看他，而我则选择分类管理。一般来说，进入我朋友圈的人大致有三类：一类是至亲好友，是基于亲情和友情的维系；一类是工作和学习上经常联系的同事、同行和师生，是基于业缘的交流需求；一类是各式各样的朋友，他可能不与我同行业或同领域，但能满足我多元化的文化需求。

我优化朋友圈的原则是：对等交流，分享有度。经过精心选择进来的朋友基本上是可以平等交流的，因为双方大致属于同一层次。分享应该是朋友圈的活力所在，有的朋友只是默默地看不发言，对于此类只索取不付出的"潜水者"我是不欢迎的。有的朋友只管秀他的，不交流不互动的我也不欢迎。有的朋友遇到喜事过于兴奋，成为发图狂魔，此时我要"黑"一下他，提醒这位朋友要注意一下别人的感受。有一段时间，我的几个研究生相继生了小孩，整天晒娃，而且往往一晒就是一大串，由此我不得不把她们"关了禁闭"（选择不看她们），等她们晒娃热情减弱之后再恢复。

新朋老友来相会，朋友圈有进有出，这让我想起毛主席说的一句话："我们都是来自五湖四海，为了一个共同的革命目标走到一起来了。"如若不然，还是散了好，您说呢？最后我还要说，使用朋友圈要有节制，不是你服务朋友圈，而是朋友圈服务你。要让朋友圈更好地帮你，还是应想办法管好它优化它。您若有什么妙招，分享一下吧！

（本文原载于"谭天论道"微信公众号，2017 年 8 月 31 日）

付费问答：别让娱乐驱逐知识

近日值乎、分答、大弓引爆微信公众号、朋友圈，引起了一波对内容变现的讨论。目前分答完成 A 轮融资，估值超 1 亿美金。我们来看看这一新兴的互联网产品及其知识传播。

一、互联网知识传播史

1. 从"网站生产"到"用户生产"

百科全书作为一种包罗各门类知识的工具书，长期以来都是人们获取知识的重要渠道。1994 年，《大英百科全书》正式发布《大英百科全书（网络版）》，成为互联网上第一部百科全书，也成为当时世界上使用最广泛的电子参考工具之一。百科全书的数字化，在互联网知识传播中具有里程碑的意义，受众通过互联网搜索引擎，可以更加便捷地查询到所需的知识。

网络百科全书是传统纸质版百科全书的另一形式的再现，本质上受众仍然是被动的信息接收者，某种程度上说，知识的生产者是用户所浏览的网站。这一格局，在以维基百科为代表的百科全书平台出现后得到了改变。从 2001 年开始，维基百科、百度百科等平台的出现，使传统的封闭性的知识生产与传播机制得到改变。"用户生产"时代到来，百科平台对用户有条件地开放编辑权限，来自全球的志愿者以协同式的知识生产模式不断编辑、更新词条，克服了互联网背景下传统百科全书无法跟上知识发展步伐的缺陷。

2. 从"网站—人"到"人—人"

虽然作为 Web 2.0 时代的产物，维基百科在本质上已经属于用户生产信息的产品，但是对于浏览网页获取知识的接收者来说，传播仍然是"网站—人"模式，是单向的。用户在单方面接受百科的知识后，无法作出反馈，无法与知识的生产者进行交流。

自 2005 年开始，百度知道、新浪爱问等网上问答平台应运而生，并且呈现井喷式增长。据统计，截至 2012 年 9 月 15 日，"百度知道"平台解决用户问题已累计超过 2 亿个。所有注册用户都可以成为提问者和回答者，用户根据自己的需要有针对性地提出问题，提问者借助搜索引擎搜索自己擅长领域的相关问题进行回答，提问者还可以对答案进行追问，在一定程度上实现了知识传播的双向互动。

3. 从"问答平台"到"知识社区"

随着用户数量的增多，类似"百度知道"的平台止步于问答，面临着内容重复、传播方式单一、缺乏互动性等问题，未能形成有黏度的知识社交网络。2011 年，国内仿照 Quora，基于社交网络的问答网站知乎上线，定位于科普网站的果壳网也推出了"果壳问答"的功能。知乎、果壳等知识社区的创立改变了中国以往知识问答网站的现状，以知识问答为基础，融合了社交网络的性质，吸引大批优质用户，形成独特的圈子和社区网络，在国内开创了以知识共享和交流为媒介形成社交网络的模式，是中国互联网社区发展的新形式和亮点。

在 Web 2.0 时代，用户似乎都已经习惯通过各种各样的网站免费获取知识。而各种知识问答也只不过是门户网站获取流量的一类产品而已。还有一种大规模的知识传播方式就是慕课（MOOC），这是一种开放教学资源的在线课程教育，最负盛名的是哈佛慕课。然而，遗憾的是，在我国包括慕课在内的许多知识传播仍没有找到很好的商业模式。

4. 商业模式：从免费到付费

商业模式的改变是从今年开始的，大弓自 2 月份上线，由上海一家创业公司开发，只在互联网圈子内传播，并无大规模的推广运营；4 月 1 日，知乎推出了值乎，一种"内容刮刮乐"的活动刷遍愚人节朋友圈；5 月份，分答上线，依靠果壳网、在行沉淀已久的行家资源以及产品机制、运营模式迅速扩散，目前仍旧在扩散中。

付费类问答产品都是 UGC 模式生产，需要社区用户贡献内容。这些产品都选择了 KOL 及网红拉动内容产生，用户只需要关注公众号，登录 H5 页面即可，用户获取成本较低。推广都是以微信为载体，传播渠道则是以朋友圈、微信公众号为首选。

二、知识传播的付费模式

早期知乎用户（大多为权威性较高的第一批受邀用户）在网站上的贡献度经过了一个活跃期的高峰后，由于没有找到变现方式，渐渐都沉寂下来。免费，是中国互联网最大的用户习惯。然而，在共享经济的背景下，知识传播的市场化似乎是一个必然的趋势，平台要发展，赢利是必要的，也是迟早的事。

1. "知识付费"的形成

"知识付费"模式的出现以及被接受，很大程度上缘于在移动互联网影响下，移动社交、知识传播甚至消费理念正在发生的深刻变革。果壳网创始人姬十三认为："越来越多的人已经不满足于网络百科那种一搜即得的通用化、公共化知识。而'分答'通过60秒语言回复，不但满足了人们对知识的定制化需求，更是提供了有情感力的回答。"

互联网在为人们提供海量信息的同时也带来了"知识"的真假难辨、"常识"的似是而非、信息内容同质化的问题。如最早用户最多的免费问答平台之一——百度知道，虽然推出了悬赏最佳答案的功能，但是仍然面临着广告充斥、答案高度重复等问题。在这样的背景下产生的定向付费"问答"，往往信息更有效、视角更独特、思考更深入，对提问者来说，得到的答案也更有价值。

中国传媒大学媒介与公共事务研究院院长助理寇佳婵从互联网新媒体的特点出发分析了知识变现产品的火爆。她认为，一方面从内容提供者的角度，有内容制造能力的人，不会满足于小范围的人际传播，而不断需要新的平台向更多的人"发出声音"。另一方面，从受众角度，社会化媒体发展几年之后，人们被培养出了"碎片化"地获取信息的习惯，短语音、短视频，各种利用零散时间的分享，很自然地被人们接受。同时，在忙碌中，时间不够用的人们更青睐有针对性的、专业的回答。从心理学的角度上说，专业人士对网友"传道授业解惑"，也满足了普通人被关注、被尊重的需求。

2. 值乎与分答

值乎是网络问答社区知乎推出的付费实时问答功能，即将知乎上的问答和专栏等文字产品换成了语音互动形式。像是一场一对多的线上讲座，有相关专业知识积累的用户通过审核成为分享者后，根据自己所擅长的专业领域设置Live（直播）主题，自定"票价"，每场限制人数（一般为200人）。值乎的通知将推送到知乎客户端首页，感兴趣的听众通过买票入场。加入群的听众可以以文字的形式提出问题，分享者用语音实时解答。

分答是由泛科技分享社区果壳网旗下的在行推出的，产品遵循一对一原则，分享者会为自己的答案定价，所有人都可以支付定价向分享者提问，分享者会用60秒以内的语音进行回答。分答中的问题和答案都被保留在开放平台中，如果其他用户感兴趣，可以花1元钱"偷听"，"偷听费"会被平分给提问者和回答者。知乎和果壳网虽然同为互联网知识社区，推出的两种产品模式都是通过付费问答的方式分享知识，但参与规则不尽相同。

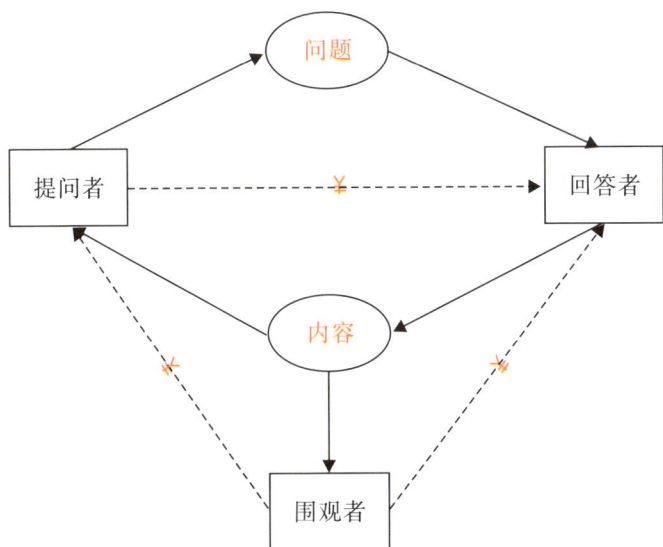

分答产品模型①

值乎与分答的对比

	值乎	分答
分享者	要经过申请与审核	人人皆是分享者
参与者（提问者）	每场 Live 有一定的数量限制	没有限制
分享主题	由分享者决定（自己所擅长的领域）	提问者可自由发问

从对分享者、参与者及分享主题的限制中可以看出，相比于分答，值乎具有更强的专业性。首先，值乎中分享者在问题相关领域的专业性是经过一定认可的；其次，值乎有固定的分享主题，参与者围绕这一主题进行讨论问答，更像是一场专业的讲座。值乎中分享的主题既有银行年报分析、神经科学下的听觉、数据分析等专业"硬货"，也有装修注意事项、如何选择一家好餐厅等生

① 《分答、值乎、大弓三款付费问答产品的运营分析报告》，搜狐网，https：//www.sohu.com/a/82872963_421605，2016 年 6 月 13 日。

活技巧分享；分答中的问题和回答则比较五花八门，最受欢迎的话题包括两性话题、减肥健身、娱乐八卦等，娱乐性倾向明显。而专业性强在一定程度上限制了值乎中内容的传播速度和传播范围，分答由于不限制分享者，通过微信朋友圈的平台迅速传播蹿红。截至6月3日，值乎上完成的Live仅有22场，而分答上的问答早已上千。

三、知识付费的挑战与机遇

付费问答这种互联网知识传播的商业模式已基本形成，但面临着各种问题和挑战。

1. 付费习惯的养成

虽然"知识付费"的尝试一经推出就十分火爆，看似已经被用户所接受，但要想长远发展，变潮流为趋势，仍然存在着不小的困难。其中最迫切需要解决的是：中国用户的付费习惯还没有完全养成，热度难以维持。在"知乎Live"中，除了开始的几场Live可能由于网民对新事物的"围观"出现了入场券"一票难求"的状况，后面在每场限制人数扩至500的Live中，并没有满场。

目前，国内存在的免费问答网站及知识社群还比较多，微信公众平台的发展也为专家名人与素人的交流提供了不少可能。就整个国内的知识需求来看，要让用户为了答案付费，大多数人仍然会倾向于选择免费的渠道。"知识付费"的模式若过了一开始的新鲜劲儿，没有其他平台无法替代的因素，很快就会被"冷落"。知识有偿分享在国外也已经开始流行，如韩国的翻译众包平台Flitto。知乎和果壳网的尝试是一种探索，用户的付费习惯可以培养，关键是把握好发展方向及拿捏好尺度。

2. 娱乐八卦淹没知识

在分答中，最热的问答是一些围绕着明星大V的八卦问题，对于一些领域专家，却少有人问津。另外，明星由于其身份的特殊性，回答问题的频率也会随着好奇心的消减逐渐降低。若没有了明星、"网红"，平台的热度可能将无法维持。

娱乐化的现象在分答中尤为突出，以严肃而专业的知识生产起家的果壳网推出的分答，本应是知识精英的舞台，却成了明星、"网红"的秀场。虽然在短时间内吸引了很多有窥私欲的眼球，大家在这种似是而非、可有可无的问答中玩得热火朝天，却将那些真正渴望知识，希望用知识传递价值的人推得越来越远。若运营者丧失了清晰的定位，"网红"爆料完毕后平台将会变得百无聊赖，真正的知识提供者门可罗雀，这款产品将逐渐被人们淡忘并退出市场。

一位网友说："看到分答上，慕容雪村的受欢迎程度远远逊色于网红，觉得挺伤感的。他是我认识的最有趣、博学、温厚、积极的人之一。"以分答上最火爆的"国民老公"王思聪为例，在他设定问题价格是 3 000 元的时候，用户 Z 向他提了一个问题。这个问题被 21 931 个其他用户偷听。按照分答的规则，每个"偷听者"需要支付 1 块钱，其中 5 毛归用户 Z，另外 5 毛归王思聪。于是用户 Z 虽然支付了 3 000 元向王思聪提问，但她却收到了 10 965.5 元偷听费。扣除分答站方提走的 10% 佣金，用户 Z 这笔"投资"显然是赢利的。在按收入排序的 top 100 名单中，排名最高的王思聪得到了 23 万元的收益，第 100 名是一位心理学博士，他获取了 0.23 万元的收益。我们不禁要问，这到底是知识收费，还是八卦收费、娱乐收费？

付费问答这类产品都是利用内容的稀缺性和专业性作为交换资源，如何吸引更多优质提问，如何让更多优质分享者来分享，如何让优质内容突出，如何处理不满意的内容，都将可能影响后续产品的生命。如果付费问答单靠"网红"大 V 的拉动，可能会成为另一个新浪微博广场。

3. 回归知识，优化模式

诚然，剁手党们把网购的钱用来买知识是一大进步，但如果他们只是购买这样的"知识"，不免也让人感到悲哀。中国互联网的畸形发展让知识淹没在娱乐中，如何把互联网知识传播真正做起来，我认为至少要在三个方面做出努力。一是改进产品，一分钟的语音回答，很难讲有多少知识的传播。所以说功能设置上要充分考虑如何更好地传播知识，尤其是那些专业的科学知识。二是强化知识推荐功能，建立一套力推专家学者的推广机制，避免过度娱乐化。目前分答已主动联系一批专家学者，采用各种手段力推他们。三是提高网民的科学素养和文化素养，对真正的知识分享给予鼓励和奖励，改变娱乐驱逐知识的局面。提高网民网络素养、国民科学素养不是一家网站可以承担的，需要互联网业乃至全社会的共同努力。

付费问答还可能有更好的产品设计。让回答者为自己的答案定价，不如让接受答案的人为其定价更合理。从经济学的角度上看，如果价格由卖方单方面决定，为了让更多的买家能够接受，价格极大可能会是低廉的（排除明星效应等特殊情况）。答案的实际价值应该由接受者决定，平台应该给提问者提供主动付费的路径或工具，而不是事先设置收费服务。同时，考虑到回答者的用户体验（收入），可以采取众筹微课的形式，由回答者确定总收入，参与者自主决定缴费多少（缴费越多，参与人数越少，体验度越好）。分答的"偷听"机制在某种程度上也是一种逆向的众筹。此外，还可以考虑吸引更多垂直领域的行家入驻，提供专业的线上咨询，联动线下约见，有助于提高社区的活跃度和促进良性发展。

不论怎么说，付费问答都是互联网知识传播的一次起航，我们不愿意看到它一开始便结束，希望科学文化知识能在互联网的风口上飞起来。

（本文原载于"谭天论道"微信公众号，2016年6月18日）

柯洁输了，人类赢了

2017 年 5 月 27 日，世界排名第一的中国围棋选手柯洁以 0：3 不敌 AlphaGo（阿尔法围棋）。其实在此前我认为已无悬念，正如棋手们所说："这是在跟上帝下棋。"跟上帝较劲，你还能有赢的机会？但我不这样认为，我要说柯洁虽然输了，但人类赢了。此话怎讲？我们不妨先来想一下，人类为什么要玩这一场人机对决的游戏呢？难道只是证明自己输得很惨吗？绝对不是！赛后，好胜的柯洁哭了。作为棋手可以理解，但是对于整个人类来说，这其实是一场胜利。让我们来追溯一下人类的发展历史。

农业社会，人类利用牛来耕田，比原始社会大大提高了生产力；工业社会，人类发明了蒸汽机，进而用来发电，生产效率更高了；信息社会，人类发明计算机和互联网，生产效率的提高从体力跨进到智力，从而进入了人工智能的领域。这说明人类创造的工具在某一项能力方面超过人，这早已不是新鲜事。人的力气再大，也不可能超过举重机；跑得再快，也超不过汽车；如果数学计算代表着人类的智力，那我们早已输给了任何一部廉价的计算器。所有这些发明的工具，并没有成为人类的掘墓人，倒不如说是把人类从一些繁杂重复的工作中解放出来，从而可以去从事更具创造性的工作。

那么，人工智能到底能有多大本事呢？目前人工智能研究能达到什么水平？人类需要设计一个个比赛来检测和证明，于是人机大战便应运而生。从机器人"深蓝"与人进行的国际象棋比赛开始，到人机中国象棋比赛，再到人类最高智力游戏围棋比赛，柯洁对决 AlphaGo 恐怕是最后一场人机棋类大战。因为人类已经证明，他们开发出来的机器人在算法应用与优化方面，已经可以超越人类。换言之，机器可以替代人的某些功能，而且这一功能可以超越人类，从而达到人的延伸。人类让机器人使自己变得更厉害，难道不是人类的胜利吗？

但是人机大战仍然让不少人感到担忧，这么厉害的机器人会不会有一日把人类干掉？有人在分答上问我：老师怎么看柯洁与 AlphaGo 的对决，是 AI 的胜利吗？那之后人类与 AI 将何去何从呢？这个问题问得好！这涉及一个局部与整体的问题。在局部范围，正如美国评论家托马斯·弗里德曼（Thomas Friedman）在多年前所说："人类和受软件驱动的机器可能正在日益变成替代关系，而不是互补关系。"我认为他说的不完全对，人工智能与人类在局部可以是替代关系，但在整体上，还是互补关系，机器人不能完全替代人！

就目前而言，机器人虽然很厉害，它是在现有规则内计算最优化方法，很多下法也是在人类经验基础上的延伸，但它不会像人类那样打破规则或无中生有地创造——例如发明一种新的棋类游戏。机器人研究专家汉斯·莫拉维克（Hans Moravec）观察到："如果让计算机展示成人水平的智力测验或者玩跳棋是一件相对容易的事情，但当涉及知觉和机动性时，即使让计算机完成一岁幼儿的某些技能也是非常困难或者不可能的。"但是在将来呢？机器人会不会最终成为替代人的一个物种？

"人机对决"的设定似乎强化了某种错误的对立意识，仿佛是机器在挑战人类。或许，我们要用超越胜负的眼光来看待这场比赛，AlphaGo 团队负责人大卫·西尔弗（David Silver）也说"今天的问题无关输赢"，他认为这只是为了把人工智能这一工具更好地用于探索各种可能，来服务于人类的福祉。或许，有人依然纠结人工智能未来发展的终极问题，会不会终有一天机器人被坏人所利用，发起恐怖袭击这类危害人类的行为？这是一个人工智能伦理研究要解决的问题，如何让人工智能给人类带来福祉而非危害，这也是人类需要研究的又一个哲学命题了。

说到终极问题可能有点远，当下人们恐怕有这样的焦虑：人工智能会让更多的人失业吗？其实这种焦虑不是始于机器人，而是始于机器。确实，在一些行业，人工智能"已经"在替代人工了。AlphaGo 并不是只会下围棋，围棋不过是 AlphaGo 选定用来测试自己的一个高难度游戏。AlphaGo 已经形成的先进算法、高智能的自主学习能力等等，未来将在许多领域大有用武之地。比如金融领域，在 AlphaGo 看来，炒股只是一个比下围棋容易得多的游戏。有例为证。

中国棋院授予 AlphaGo 九段证书，棋圣聂卫平说它的棋力有二十段。美国高盛纽约总部现金股票交易柜台的交易员数量从 2000 年巅峰期的 600 名下降为如今的 2 名，其余工作均由机器人包办。

美国沿海联邦信用合作社，已经用机器人替代了 40% 的雇员；在其下属的 16 家分行中，"个人柜员机"被全面启用。

日本富国生命保险公司，正式"录用"了 34 名智能机器人，负责公司的保险理算业务，公司 34 名理算员（占理赔部的 30%）因此将在 3 个月后正式"下岗"。

　　尽管这些只是个案，但分析家认为未来低时薪、中技能和非顶级的工种受人工智能冲击最大。但与此同时也会增加许多新行业、新职位，如语言处理工程师、语音识别工程师、人工智能产品经理等。但对于一些人工智能没有进入的领域，就业需求仍然是很大的。柯洁不必哭，大家也不必担心，因为 AlphaGo 的胜利即人工智能的胜利，人工智能的胜利即人类的胜利。

　　　　　　　　（本文原载于"谭天论道"微信公众号，2017 年 5 月 28 日）

别让资本玩坏互联网

——写在第四届世界互联网大会召开之际

昨天上午第四届世界互联网大会在浙江乌镇开幕，来自国内外政要和互联网巨头参加了大会，其实在场的还有一个很重要的角色——资本。这个资本是全球性的，众所周知，中国互联网三巨头 BAT 的背后都有国外的资本。目前中国互联网业为全球投资者所瞩目、所青睐，各种金融资本、风险投资、天使投资纷至沓来，甚至说蜂拥而至也不为过。

互联网无疑给资本提供了一个更大的舞台。互联网技术的每一次应用，互联网应用的每一次创新的背后都有资本在推波助澜。然而，成也萧何，败也萧何。如果让资本牵着鼻子走，把握不住方向，不懂得刹车，也会行差踏错，搞不好还会车毁人亡，落得人财两空。注意！互联网发展不仅需要金融资本，还需要智力资本、政治资本及各种社会资本。

曾几何时，我看好乐视，因为它不是只做产品、做平台，而是做生态，那是互联网企业发展的高级阶段啊！然而，贾跃亭脑子发热，他不仅要做电视，还要做汽车，他不是做一个生态，而是四面出击做 n 个生态。这个披着互联网外衣的商人其实并不真正懂得互联网，他以为：有钱能使鬼推磨，只要给我足够的资本，我可以撬动整个地球！结果脆弱的生态出现问题，资本如脱缰的野马把他带入万劫不复的深渊。

近年来，我们看到一些互联网新技术刚出现时在资本驱动下的狂热和虚火。无论是 VR 还是人工智能，当新技术还在实验室阶段，当新应用还没有找到商业模式，人们便急于抢先机赚快钱。在资本贪婪的本性驱使下，许多人内心希望一夜暴富的欲望之火被点燃，出现不少利令智昏的投资行为，出现各种不择手段的薅羊毛，捞一把就走的也大有人在。

再说说在共享经济诱惑下的投资行为和市场争夺，满街的共享单车，"赤橙黄绿青蓝紫，谁持彩练当空舞"，市场上容纳得了那么多单车吗？恐怕大多是资本驱动下的非理性行为，为的是争夺市场，而最终造成极大的浪费。当供大于求的时候，当烧钱烧不出名堂的时候，有些运营商恐怕就要挥泪斩马谡了。记得早几年有一"90 后"开发了一个很好玩的软件"脸萌"，一夜爆红引来众多风投，可是不久就昙花一现，销声匿迹了。"脸萌"其实并没有满足人们的刚需，后续开发也跟不上趟，来得快去得也快，最终资本也离它而去。互联网行业这样的企业比比皆是，资本是不会做公益的。

再说一下大学生创业，日前我去给微博大学站台。会上我跟一位投资人聊，在政府的鼓励下，在资本的追逐中，此前他给大学生创业投了不少钱，但大多血本无归。试想对于大多数未出校门、未入社会的年轻人，有多少如乔布斯、扎克伯格那样有本事？即使有好的创意，也未必有做企业的能力呀。值得庆幸的是，大学生创业正逐步回归理性。

上市无疑是一场更大的资本游戏，不少互联网企业都以上市为追求目标。但是上市就一定赚钱吗？无论对于企业还是股民都是一个未知数。确实有一些玩资本的高手，但他们不一定是从互联网、从市场中赚钱，而是从股民中骗钱，例如最近的赵薇黄有龙夫妇，相信玩火者逃不过证监会的火眼金睛。玩资本也要走正道，不然也只会自投罗网！

面对资本原始的贪婪本性，人们一定要保持清醒的头脑。我们要正视一个现实，在美国，互联网发展注重科技创新，在我国，互联网发展偏重商业创新，商业创新容易复制，风险更大。在中国，投资人更看重短期效益，一旦投资就要快赚钱、赚快钱。华为为什么不愿意上市？因为它注重科技创新，不愿意被资本绑架，不愿骑上资本这匹脱缰的野马，从而偏离自己企业正确的前进方向。

德国著名学者史博德是极少能辨认马克思笔迹的人之一，也是当今世界极少看过马克思全部手稿的学者之一。从马克思没有出版的手稿中，他发现马克思对资本的思考远比《资本论》（《资本论》第二、三卷是由恩格斯根据他对马克思手稿的理解整理出来的）更深刻。马克思认为，有一天社会生产将超越社会，超越所有个人的利益，超越金钱，超越资本，但必须是社会自我繁殖，政治外力不可能超越它。

在市场经济中，资本是一个好东西，但如果你不能很好地认识它、利用它，它也可能变成一个坏东西。所以说，对于互联网运营商也好，创业者也罢，加深对互联网的学习，加深对资本本性的认识，你的互联网企业才不会被资本玩残。我们在开放共享中构建网络空间，但愿资本能给中国互联网带来更大的活力，而不是破坏力。在第四届世界互联网大会召开之时，我给大家提个醒，相信不会是多余的话。

（本文原载于"谭天论道"微信公众号，2017 年 12 月 2 日）

真学者无须冠以各种头衔

此前，"长江学者"沈阳性侵事件引起了社会关注，关注点由沈阳性侵逐步转移到高校师德，再转移到"长江学者"这一闪亮的头衔上。联想到最近的中兴"芯"病，我想起另一位"长江学者"陈进，他炮制出来的"汉芯"不仅骗取了"长江学者"这一头衔，还骗取了国家上亿科研资金。这些事件不由得让人们对"长江学者"起疑：冠以这一头衔的学者都是真学者吗？

我们还是先来了解一下"长江学者"。"长江学者奖励计划"是教育部与李嘉诚基金会为提高中国高等学校学术地位，振兴中国高等教育，于1998年共同筹资设立的专项高层次人才计划。该计划包括实行特聘教授岗位制度和长江学者成就奖两项内容。看来出发点很不错：提高高校学者地位，振兴高等教育。

面对当下中国国情，"长江学者"以及各地方名目繁多的学者奖励计划确实会给学者带来极大的荣誉和实惠。我并不反对这种激励机制，但它首先要建立在公正严谨的评价体系上。我也不否认"长江学者奖励计划"实施以来所取得的成就，也出现了一些有突出贡献且品格高尚的学者，如"布鞋院士"李小文教授，这位被网友赞为现实版"扫地僧"的"长江学者"令人肃然起敬。

刚开始的时候"长江学者"质量还是不错的，有的含金量还是挺高的，但后来慢慢变水了。我认识的一位学者，学术还不错，但由于跟校领导关系不太好没有推选上去，后来他换了一个学校就评上了。可见，人为的因素很大。我不时听到学者们的惊讶声和质疑声：他也能评上"长江学者"呀？我也看到某"长江学者"被查出学术造假的报道，甚至有人对当下还有多少真学者表示怀疑。

我们也看到不少"长江学者"到处讲学、频繁出席各种会议，还由此"配套"更多的头衔：顾问、学术委员会主任、人大代表、政协委员，等等。那么，他还有多少时间做研究呢？他还有多少时间带研究生？长此下去，有的学者可能之前学术很好，之后就会慢慢停滞不前甚至荒废，变成一个空有其名的假学者，但他仍然有很大的学术话语权，坊间把这类学者叫作"学阀"。

经历了中国五个历史时期的经济学家、语言学家周有光在比较之下认为，从文化上看，最好的历史时期是民国，那时的学界有国际一流学术成果，教师能教出好人才，现在说的大师都是那个时代出来的。但那时候的学者并没有什么闪亮的头衔，教授就是教授，学者就是学者，大师的称号都是他们身后的美誉。我认为真正的学术应该是很纯粹的，任何头衔只是学者身上的附加物，搞不好还可能添乱。

对此，我的观点是：真学者无须冠以各种头衔。如果一定要的话，要么盖棺定论，切断身前的利益输送，要么彻底改革评选机制，真正做到公开公正公平。做到完全透明的最大范围公示，公示时间至少半年，让学界充分议论并发表意见：这个人的学术贡献到底有没有达到某一领域至少前三的地位。

（本文原载于"谭天论道"微信公众号，2018 年 4 月 2 日）

我们要"感谢"翟天临

近日有一个叫作翟天临的演员快被人骂死了,但我要说我们要感谢他。为什么要这么说呢?还是先从这件事的起因说起吧。这源自博士翟天临在一次直播中不知"知网"为何物。

一个演员一边演戏一边读书,不仅读了北京电影学院的博士还要做北京大学的博士后,妥妥的人生赢家?这位博士不知知网为何物,这不禁引起众多苦读寒窗的学子们的严重怀疑,进而开始在网上查找这位翟博士的论文。不查不知道,一查吓一跳——查不到他的博士学位论文和核心期刊论文。翟博士或者翟明星,你是来搞笑的吗?于是,博士们愤怒了,社会舆论纷纷质疑翟天临以及他所牵涉的北京电影学院和北京大学。翟天临演了不少戏,也算小有名气,但令他意想不到的是偏偏"学霸"这个角色演砸了。

日前,我在"谭天论道"(现改为"东行漫记")头条号上只说了一句:"翟天临不仅是学霸表演的失败,还祸害了两所大学。"迅疾引起强烈反响,有近4万阅读数,还有200多条评论,网友们纷纷发表意见,不少人还提出不同看法:

这两所大学如果一身正气,他也祸害不了。

关键是他用自己暴露了博士等高学历教育和管理中的漏洞。不仅仅是两所大学,作为主管部门的教育部学位办也应该回应并调查这个事件!

谁害了谁?现在是互害模式了。

谁祸害得了他?能同时让这么大的两所大学给他开绿灯,才是问题重点。

不是应该说学校祸害他吗……学校制度的问题才导致他越来越膨胀,他如果论文过不了,能这样炫耀吗?

是学校和学校老师害了他，其实文凭对一个演员不是很重要，赵丽蓉这些人没念过几天书，但表演艺术水准有目共睹，说难听点，可能一些老师也有自己的目的，拿文凭换想要的东西，如果真是一个好的老师，应该直接告诉小翟，要么老老实实读书拿文凭，要么放弃想法，也不至于弄到今天这个地步，说实在的，这个娃已经是个很不错的演员了，最终成为受害者。

俺觉着人掉进粪缸里，缸不干净，人也臭了！

舆情逐渐由翟天临转向高校，转向整个教育系统。众所周知，这些年高校权钱交易、权色交易的丑闻时有发生，经过反腐打击之后，官员、老板买文凭已经杜绝。但高校利用明星名人获取社会资源，美其名为扩大学校影响力，实际上是自降身份，让腐败损害大学风气，让无知祸害大学精神。网友们渐渐把愤怒转向那片曾经的净土——大学，以及整个中国高等教育。听听网友们是怎么说的：

是这两所学校纵容的结果。翟的事件既将娱乐圈的赢者通吃的贪婪之心暴露无遗，又将高校的腐败充分展现。一举两得！

应该是拉开了整个教育系统的大口子！

不只这两校，整个体制都得为他背锅。因为他不是孤苗，北大们也不是头一次出丑，它们的丑，隐藏得还有很多。

如果不查，不改，天理难容！

其实，用明星换取社会资源（知名度和影响力）对于高校已不是什么稀奇事，或许人们司空见惯，见怪不怪；或许人们不以为然，觉得只是危害不大的等价交换。没有人去捅破这层窗户纸。这次不知天高地厚的翟天临捅出这个娄子，让公众看到高校背后的问题，我觉得反而是好事。翟天临事件掀开了北京电影学院诸多问题的盖子（网民已揭露出更多问题），而且这些问题不只是北京电影学院有，中国高校恐怕也到了必须进行学术治理的时候。从这个角度来看，我们要感谢翟天临。您认为是这个道理吗？

目前，北京电影学院和北京大学均回应成立调查组展开调查，我们期待这两所大学给公众一个满意的答复。同时，我们希望全国高校也借此进行一次自查和反省，看看还有多少学术不端和学术腐败，还莘莘学子一个公平，给纳税人一个说法，给中国教育一个希望！

后记：2月19日，北京电影学院作出了处理：撤销翟天临博士学位，取消其导师博士生导师资格。2月16日，北京大学作出处理意见：对翟天临的合作导师作停招博士后的处理，同时对面试小组成员给予严肃批评，责成光华管理学院作出深刻检查。

（本文原载于"谭天论道"微信公众号，2019年2月11日）

复盘微信七年，更重要的是不做什么

七年前一款 App 横空出世，它和我们一起走进了移动互联网的世界。七年后我们的生活改变了，我们的生活、我们的习惯、我们的思维方式都不知不觉发生了改变。要说乔布斯的 iPhone（苹果手机）改变了世界，那么，张小龙的微信可以说改变了中国。七年之痒，我们不讨论它如何改变中国，只讨论它如何改变自己。复盘微信是为了探讨如何做好一个互联网产品。

一、从无到有，连接一切

2010 年 11 月 19 日，腾讯微信项目正式启动。

2011 年 1 月 21 日，微信上线了首个版本 1.0，当时仅支持 iOS（苹果系统）设备。紧接着三天后的 1 月 24 日，微信第一个 Android（安卓系统）版发布。很快，1 月 26 日，第一个塞班 S60 版发布（2013 年停更）。尽管功能简陋，不过初代微信即支持从 QQ 中导入联系人，这也成为微信日后用户群能够快速扩张的一大基础。

微信早期的产品界面

2011年5月，微信2.0版上线语音聊天功能，该功能的发布使微信用户量有了显著增长，同时也成为日后用户使用微信的一大重要通信功能。

2012年8月17日，微信公众平台上线运营，从此公众号逐渐成为微信丰富的功能中不可或缺的一部分。

2012年9月5日，微信开始支持"扫一扫"功能，此后"扫一扫"成为微信打通线上与线下的重要入口。

2013年8月5日，微信支付功能上线，支持绑定银行卡，随后逐步发展成为与支付宝并立的移动支付巨头。

…………

截至目前，微信（月活）用户数已接近10亿，成为名副其实的国民应用，从通信、社交、阅读、支付等方面渗透到了国民的生活中。此时的微信已成为几乎无所不包、无所不能的社交媒体，不仅影响中国，还走出了国门。然而，成也萧何，败也萧何。面对微信不能承受之重，微信创始人张小龙有着清醒的认识。依照张小龙的产品哲学，他是坚决反对产品过多功能的，其名言是：一个产品，要加多少的功能，才能成为一个垃圾产品啊！

马云说：过去20年互联网"从无到有"，未来30年"从有到无"。那么，对于微信，未来七年将会是怎样？这是张小龙一直思考的问题。

二、从有到好，以退为进

张小龙是一名极客，他一直对商业保持疏离感。这位爱看哲学书、好听摇滚乐的程序员曾经在几年前就被《人民日报》评价：在100多万台计算机屏幕上留下大名的人只是个悲剧人物——他独自为Foxmail写下7万多行代码，供超过200万用户免费使用。但接触《人民日报》记者时，他还处于失业状态。

Foxmail最后结局还算不错，以1 200万的价格被博大收购，张小龙也入职博大。不过，发布会当晚，张小龙心情很低落。他写了一封充满伤感的信："从灵魂到外表，我能数得出它的每一个细节……在我的心中，它是有灵魂的，因为它的每一段代码，都有我那一刻塑造它时的意识。我突然有了一种想反悔的冲动。"

当然，开弓没有回头箭，但张小龙对微信商业化始终是保持警惕和谨慎的。一开始他是抗拒微信插广告的，不过腾讯作为企业是要赢利的呀，最后张小龙妥协了，但仍要求广告必须少而精，不能影响用户体验。七年弹指一挥间，微信这个超级 App 已经生长为森林，无数生物寄居其中。在这个拥有 10 亿用户的商业王国里，张小龙始终惶恐。

微信真正的发明在于，它构建了移动时代的交互方式，简单而直接地打通了通信、社交、信息和商业。然而，面对现实与理想的张小龙也会陷入矛盾里。胡泳教授以为："深切感受到张小龙作为一个产品哲学家和一个用户行将突破 10 亿的流行应用的主导人之间无法弥合的矛盾。"马化腾安慰道："总能慢慢找到一条最佳路径的，尽管慢，但必须合理才做。"

不做内容只做服务，不做平台只做工具（尽管微信已是一个平台型工具）。在腾讯的商业帝国中，微信并不赚钱，但它却为所有赚钱的产品提供支持。张小龙坚信："一个成功的产品经理，需要在极端现实主义和极端理想主义之间取得平衡，把它们作为整体一并接受下来，彻底去除其中的相对性，丝毫不觉得其中的矛盾和冲突之处。"

有所不为才能有所为，大踏步地撤退是为了更好地进攻。对于微信的未来，不做什么恐怕比做什么更重要。

三、洞察人生，守望孤独

低调是腾讯的底色，一方面可能是源自广东企业的务实作风，另一方面马化腾、张小龙都曾是沉迷于虚拟世界的程序员。早年的马化腾在公司电梯里总是低着头待在角落里。研究生导师评价张同学是"不爱说话、喜欢鼓捣电脑、喜欢睡懒觉的年轻人"。他当年读大学时并不出众，2011 年参加同学聚会时还有一位女生不认识他。他不爱跟人打交道，大学打发无聊时光的方式之一就是坐在宿舍外面的水塘边钓虾。

但奇怪的是，很多时候，世界的隔阂就是由羞涩内向的人打破的。3Q 大战让腼腆的马化腾懂得去公关，去积极应对激烈冲突的现实。微信的成功也给张小龙带来了潜移默化的改变。2012 年 7 月，张小龙在腾讯做了一场 8 个半小时的演讲，178 页 PPT，几乎一气呵成。他侃侃而谈，谈哲学和艺术，还提出"微信是一种生活方式"的新概念。此后两年，张小龙的年度演讲成为"互联网界的政府工作报告"。太多人想知道张小龙在想什么，微信下一步要做什么。

媒体很难采访到张小龙。前央视主持人王利芬曾以创业者身份拜访张小龙，会议室里，听到王利芬一行表示每天长时间使用微信，张小龙显得有些着急。

他慢慢说着，"这不是好事"，"用完即走最理想"——当时，张小龙和同事吃饭、开会都会规定"不能看微信"。为此，他决定开发小程序，一年多来尽管小程序不温不火，但张小龙仍有足够的耐心。作为一个完美主义者，张小龙只是想做一款用户满意的互联网产品。

微信启动画面

微信七年不断变身：从最初的社交产品到平台，再到如今想成为连接人与真实世界的工具。与此同时，越来越多的人在抱怨：微信变成了工作QQ，朋友圈垃圾信息太多，公众号打开率太低⋯⋯但在下一个替代品出来之前，又没有人能真正离开它。敏锐如张小龙，显然捕捉到了这些危险的信号。于是在今年的公开课上，他透露了一些微信新举动：正在开发公众号独立App，并将恢复对作者的赞赏功能。张小龙还提出微信下一步要探索线下，不是把更多的生活搬到线上，而是去走一条相反的道路。

《麦田里的守望者》中，男孩霍尔顿曾经向妹妹阐述自己的理想："有那么一群小孩子在一大块麦田里做游戏。几千几万个孩子,附近没有一个人,没有一个大人——我是说,除了我。我呢,就站在那混账的悬崖边,我的职务是在那里守望,要是有哪个孩子往悬崖边奔来,我就把他捉住——我是说孩子们都在狂奔,也不知道自己是在往哪里跑。我得从什么地方出来,把他们捉住。我整天就干这样的事。我只想当个麦田里的守望者。"

在这个浮躁的快节奏社会里,张小龙的内心需要安静下来。此时,复盘七年,守望孤独,洞察人性,唯有如此,微信才能走得更远。

(本文原载于"谭天论道"微信公众号,2018 年 1 月 22 日)

长不大的 QQ

1999 年 2 月，腾讯 QQ 横空出世。

2010 年 9 月，3Q 大战上演，腾讯胜诉，QQ 霸主无人能撼。

2011 年 1 月，腾讯推出微信，抢到移动互联网第一张门票。

2015 年春节，"微信抢红包"登上了春晚舞台。

不记得哪一年我出差到深圳，跟在 QQ 工作的学生吃饭时争论起来，她坚持认为未来属于微信，而我则认为 QQ 也不可替代。那时微信还没有如日中天，但不久她就离开 QQ 调到微信工作。她的义无反顾似乎预示着什么。

弹指一挥间，QQ 已经 20 岁了，微信才 8 周岁。二者相比，一个略显疲态，一个却朝气蓬勃。以前出版社给一个儿童作家出了一本书——《我不想长大》，我且把这个书名套用过来作本文题目吧。

一、微信的克制，QQ 的"放肆"

今年 8 月 14 日，腾讯公布了 2019 年第二季度财报。其中微信和 WeChat（微信海外版）合并月活用户数达到了 11.33 亿，同比增长 7.1%，环比增长 1.9%；QQ 月活用户数为 8.08 亿，同比上升 0.6%，环比下降 1.8%。在对外界的展示中，微信一直保持 "less is more"（少即是多）的克制形象，而 QQ 则重点强调自己是一款越来越受年轻人喜欢的产品。

对比微信和 QQ，两款产品的路线截然不同。微信的功能很多，却非常克制，无论是"拳打"今日头条的"看一看"，还是"脚踢"支付宝的微信支付，都进行了一层层的入口归类，界面十分简洁干净；而 QQ 却"放肆"得多，在主界面中加入了 QQ 看点、兴趣部落、"扩列""养火花"等五花八门的功能。除了支付，QQ 庞大的家族简直让人眼花缭乱。

造成这种路线迥异的原因，不仅仅是用户的差异，还有两款产品充当不同平台而表现出的不同特质。张小龙一直说微信是一个工具，不管功能如何变化，承载的东西如何复杂，第一个 tab（标签）永远是可以最快速和人进行沟通，人与人之间的沟通交流才是最永恒的需求。微信所做的一切改动——无论是用户—内容的"看一看"还是用户—服务的小程序，始终没有背离社交和用户的本质，什么该做什么不该做，都离不开张小龙这个产品经理为微信引导方向。此前我写了一篇文章《复盘微信七年，更重要的是不做什么》，文中写道："在这个浮躁的快节奏社会里，张小龙的内心需要安静下来。此时，复盘七年，守望孤独，洞察人性，唯有如此，微信才能走得更远。"

QQ 对自身的定位，始于社交，却不限于社交，它像是一个巨大的产品孵化平台，各种功能你方唱罢我登场。QQ 孵化出多个用户量过亿的产品。目前，QQ 动态页展现了微视、NOW 直播、波洞星球等十多个功能入口。可以说，腾讯推出的年轻内容产品，十有八九曾借助 QQ 冷启动。以 QQ 看点为例，最开始它和兴趣部落、好友动态等功能一起展示在二级入口里，经过不断的流量 PK（比拼），最终凭借流量优势占据 QQ 的一级入口，在这样"内部赛马"的氛围下，势必造成资源的博弈和浪费。不知 QQ 的掌舵人有没有对它 20 年的发展作一个认真的复盘，在此基础上好好谋划后 QQ 时代的发展。

二、孩子终究会长大，QQ 的未来在哪里

对比腾讯发布的《00 后在 QQ：据说这些行为，00 后都躺枪了?》[1] 和《2018 微信年度数据报告》[2]，当中描绘出两个截然不同的世界。晚上 10 点，微信中"80 后""90 后"用户的夜生活才刚刚开始，QQ 中"00 后"用户已经迫于上学的压力早早睡去；收入不断增长的"80 后""90 后"用户逐渐取消 QQ 中的会员或黄钻、蓝钻，转而使用微信缴纳水电费、购物买单，"00 后"却已占据 QQ 会员的半壁江山，构建自己的虚拟王国。美国社会学家曼纽尔·卡斯特尔认为，"网络社会"不是即将出现的一种社会结构，而是唯一的社会结构，也就是说，所有的年龄断代和阶层分化，都将如同镜面一样，在互联网的世界里上演。

对比微信刚刚走过的 8 年，QQ 已经历 20 年的风雨，见证了"80 后""90 后"由校园步入社会，社交关系链由 QQ 转向微信。目前 QQ 留下来的用户依然是"00 后""95 后"的年轻人，对于这批热衷彰显个性、喜爱炫酷功能的年轻

---

① 钵钵鸡：《00 后在 QQ：据说这些行为，00 后都躺枪了?》，"4399 手机游戏网"微信公众号，2019 年 5 月 14 日。

② 《2018 微信年度数据报告》，"网络大数据"微信公众号，2019 年 1 月 9 日。

人来说，QQ 依然是有吸引力的选择。但这些青春期的特征会随着年龄增大而逐渐消失，当"00 后""95 后"开始进入社会，有了更庞大成熟的社会关系链，迟早会流入微信。社交媒体争夺的本质就是关系链的构建和占有，这也是微信迄今为止最强大的护城河。

除了 QQ 用户量的增长空间，年轻人的消费能力也是 QQ 面临的巨大障碍。"商业模式是媒介平台的核心规则，它关系到媒介平台的生存法则、发展空间，更关系到媒介平台与成员的联系方式。这种商业模式对内能够凝聚各种模块，对外吸引各种资源转换各种关系，能够维持平台的良性循环和长远发展。"① 微信已经能链接人们的通信、社交、衣食住行、金融、政务等一切生态，而这一点，是 QQ 难以望其项背的。

在知乎上曾经有人这样评价腾讯的 QQ 和微信：前者负责迎新，接待一切年轻的互联网新住户，迎合他们的天马行空；后者服务"大人"；"一个是学校，一个是单位，腾讯这两款产品，几乎把人的一辈子，都给圈进去了"。QQ 在移动互联网初期为微信提供了宝贵的关系链，也曾孵化出极为成功的社交产品，但目前 QQ 充当的角色却是关系链的"中转站"，未来的路在哪里，确实是需要 QQ 思考的问题。

今年 5 月 21—22 日，在腾讯全球数字生态大会上，QQ 负责人宣称 QQ 将充分发挥自己的年轻力量，深度融合社交和内容，与各个行业和产品深度结合，联合社群运营者、创作者、开发者一起，合力共建开放生态，包括 QQ 群开放生态、QQ 个性化开放平台生态、小程序及小游戏开放生态。感觉这个生态还是偏向年轻人和娱乐化，还是强调更好玩而非更好用。

三、用户已长大，QQ 还在过家家吗

QQ 的用户以青少年为主，随着他们年龄的增长，社交和职场需求的增加，QQ 已经不能满足他们的需求，于是他们便迁移到微信及其他互联网产品上。QQ 就如同小孩子玩够了的玩具那样被抛弃。铁打的 QQ，流水的用户，难道 QQ 只满足于年复一年的辞旧迎新工作？流失的用户多可惜呀。QQ 就不能随着用户的成长而成长吗？把它的服务延伸到成人的世界？

---

① 谭天：《新媒体新论》（第 2 版），广州：暨南大学出版社，2013 年，第 105 页。

在 MSN 退出中国的过程中，QQ 也渐渐成了很多白领的办公工具。虽然 QQ 在很早前就已经有办公的功能，比如视频会议、传文件、PPT 共享等，但它们一直没有得到凸显。以个人经历来说，我平生第一次网上授课就是在 QQ 上，那次还是出差在外，在酒店房间里，按照约定的时间用笔记本电脑上的 QQ 来讲课。

问题是 QQ 有没有认真去思考这些，打造一个适合成人的产品，进而形成一个完整的生态。移动优先，对于整个腾讯战略来说没有错，但对于某些产品是不是要具体对待?①

QQ 主打的游戏和娱乐，现在也在做内容和自媒体平台，企鹅号成为腾讯新闻、天天快报、QQ 看点、QQ 浏览器四大板块的流量入口。然而，无论是用户服务还是内容审核，只能做一些娱乐化的浅薄内容，稍严肃高端就无法通过审核，在优质内容提供上，企鹅号与头条号相比差之甚远。

最近 QQ 又推出新版本，升级夜间模式和增加一系列功能，是利是弊，大家可以评说。QQ 的长大不仅仅指年龄，还指其成熟度，意味着它将成为一个更有竞争力的产品。QQ 要长大，恐怕需要新思维新格局，需要切换到新的系统，打造新的平台。还是那句话，QQ 需要沉下心来，想清楚做什么和不做什么。

（本文原载于"谭天论道"微信公众号，2019 年 9 月 6 日）

---

① 事实上，腾讯已于 2016 年 11 月发布了一款针对办公人士的"QQ"——名为"TIM"，专注于团队办公协作的跨平台沟通。此外，它还开发出了移动、PC 兼容的产品，如"腾讯会议""腾讯课堂"等。

中国电影：成也互联网，败也互联网

夏天已到，但我在影视行业工作的学生仍感到丝丝寒意，盖因中国电影已进入了"寒冬"。今年上半年，全国电影总票房累计约 311.22 亿元，较去年前半年的 320.25 亿元同比下跌 2.82%。日前，我看了一篇文章——《保卫中国电影》，不禁感到十分诧异，难道中国电影到了需要保卫的时候了吗？这令我想起多年前，成龙带领香港电影人为拯救衰落的香港电影唱起国歌。难道中国电影也像国歌里所唱的，已经到了最危险的时候了吗？对此，我尝试做一些分析。

中国电影的快速发展不过是近十多年的事，前几年国产电影每年票房以两位数高速增长，我认为得益于两大因素：一个是院线的建立与发展，凭借强大的发行渠道国产电影产量剧增；一个是互联网营销，互联网给电影做了强有力的推广并以此拉动票房。与此同时，能走出国门走向世界的中国电影屈指可数。中国电影的狂飙突进是得益于互联网还是营销？是悲，是喜？现实很快给出了答案。

有一部电影上映前被吹得神乎其神，把观众"骗"进影院后招来一片骂声。一位老师看了之后气愤地说，以后电影学院只需要办一个专业——营销。这种舍本求末的做法最终伤害的是电影创作。有一部还算不错的电影——《失恋三十三天》，由于满足了当代青年的情感需求和出色的营销而火爆，但我要问：这是快餐文化还是伟大作品？这也是在中国电影繁荣的外衣下却鲜有优秀电影走出国门，更不敢说走向世界的原因。

这些年还出现了一些新的电影类型——粉丝电影和话题电影。我曾写过两篇分析短文——《"粉丝电影"是电影吗?》《冯小刚打造"话题电影"》，《人民日报》也为此批评电影《我不是潘金莲》未成曲调先有对骂。电影 IP 没做好就急于开发，甚至通过炒作来拉高票房，也充分反映出互联网时代中国电影的急功近利心态。互联网让中国电影驶上了快车道，但如果方向把握不住也会翻车的，而且还会翻得很惨。

有人说，如果观众的悲观还带着盲目，来自行业内的悲观就真实地让人感到绝望。在商业利益的驱动下，中国电影出现畸形生产，明星天价片酬消耗绝大部分制作成本，"小鲜肉"驱逐老戏骨，加上各种假大空的创作套路，致使电影的艺术水准大受影响。更有甚者，偷税逃税，吸毒丑闻，种种乱象和恶行共同造成了电影行业的整体坍塌。中国电影已进入了"寒冬"，有人预言，大概率判断，未来至少两年，"寒冬"仍将继续。

有句话说：成也萧何，败也萧何。互联网到底是帮了中国电影还是害了它？首先不得不承认互联网助推中国电影，不仅仅是数字营销，互联网还通过连接把电影深深嵌入到整个文化产业中，电影 IP 得到淋漓尽致的开发，形成了一条长长的产业链和一个巨大的利益共同体。只要抓住观众的胃口和商业运作得好，一部小成本的电影也能赚到盆满钵满，比如《疯狂的石头》。但过度商业化令中国电影像一辆缺少方向感且一路狂奔的车。

过去，电影导演和作家一样，都是令人尊敬的艺术家。如今电影没有那么多的敬畏，倒像是一场娱乐。拍完《人在囧途》后，徐峥决定转型做导演，找来黄渤和王宝强，去泰国拍了一部投资只有 6 000 万元的《泰囧》，2012 年底上映后，票房高达 12.67 亿元。看了电影，华中师范大学文学院教授晓苏忍不住大骂：《泰囧》是一部典型的"三俗"电影，低俗、庸俗、媚俗！商业电影绝不等于"三俗"电影！

2005 年，陈凯歌拍了一部不伦不类的《无极》；2013 年，转型商业电影多年的张艺谋被一部好莱坞投资的电影《长城》压垮。一代代电影人出发、迷茫、挣扎、寻找，一场场电影梦诞生、变质、破碎，最后都毫无例外地变为无可奈何。

诗人牛皮明明写出这一可悲的现实："中国电影最令人悲哀的东西，就是资本不断地立威，定规则，定格局。对于市场来说，俗就对了，只要俗，就能跟人民币跳舞。"他说的俗是通俗，而非低俗，也不能一味地怪罪互联网，它只是把这些放大了。面对互联网，中国电影并没有准备好，而许多电影人由此迷失了自己。"这么多年，从来没想过一个问题，电影是什么？电影就是——屈辱、绝望、无力，并使人像笑话一样活着。"

前些年中国电影的繁荣其实是一种虚假繁荣，大导演拍的电影像坐过山车一样，上一部大赚，下一部却赔惨。有雄厚资本兼有眼光的影视公司几乎没有，大多靠融资撞大运。整个电影生态是脆弱的，剧本创作受的掣肘很多，明星也不省心，今天星光灿烂，明天不知出啥事，不是丑闻招黑就是吸毒被抓。总之事故不断，险象环生。

把时下中国电影称为"寒冬"可能不太准确。有人这样分析：中国电影产业在经历了 2015 年、2016 年的狂飙突进，2017 年、2018 年开始去泡沫，到 2019 年已趋于理性。与此同时，观众对国产片的题材与质量要求也日渐提高，市场上浮夸喜剧、空洞玄幻、流量偶像的吸引力都在下降。这种遇冷对于虚热的中国电影恐怕是一种让它清醒理性的冷却剂。"高天滚滚寒流急，大地微微暖气吹。"冬天已经来了，春天还会远吗？

当那些台词都背不下来的"小鲜肉"轻易拿到天价片酬时，这个行业不是有"病"吗？流量是什么？它是互联网的产物，它的背后隐藏着一整套商业逻辑，就是为追求商业利润无所不用其极，电影对于一个利欲熏心的产业来说不过是一块遮羞布而已。中国电影不是败于互联网，而是败于电影的过度商业化，其恶果就是对中国电影事业的摧毁。

作为电影工业产物的中国电影，其发展不过二十多年的光景。就像一个心智还不太成熟的青年很快扑到互联网的商业大潮中，迷乱方向不奇怪，呛了几口水很正常。我们必须检讨我们脆弱的电影工业：从剧本创作到导演演员，从类型电影到商业模式，从电影教育到电影批评。我们还有多少专业的电影批评？如何正确地看待叫好与叫座？如何给予中国电影一个更好的成长环境？中国电影要走向世界还有一段不短的路要走。

诚然，中国电影并非一无是处一团糟，其中也不乏亮点和精品。吴京导演或参与出演的《战狼2》和《流浪地球》让人眼前一亮，虽非旷世之作，但也算是上乘之品。在治理整顿下，中国电影市场逐渐规范；在挫折考验中，中国电视工业也逐渐成熟。同时我们也希望中国电影有一个更加成熟和明智的审查管理制度，不要让中国电影艰难负重前行，让电影人有一个更加开放自由的创作空间，从而作为一种文化输出向世界展示中国的软实力。

参考文献

[1] 深叔：《保卫中国电影》，"深水娱乐观察"微信公众号，2019年6月25日。

[2] 野七、牛皮明明：《中国电影二十五年》，"春光映画"微信公众号，2019年5月11日。

[3] 谭天：《粉丝电影是"电影"吗？》，"谭天论道"微信公众号，2016年11月26日。

[4] 马彧：《电影也需要走出舒适区》，"制片人内参"微信公众号，2019年6月18日。

[5] 吕世明：《中国电影：稳定压倒一切》，"一起拍电影"微信公众号，2019年6月26日。

［6］庞宏波：《中国电影会提前进入大资本时代吗?》，"悦幕中国电影观察"微信公众号，2019 年 7 月 1 日。

［7］谭天：《冯小刚打造"话题电影"》，谭天的博客，2017 年 1 月 25 日。

（本文原载于"谭天论道"微信公众号，2019 年 7 月 5 日）

文化传播

新闻传播学者需要保持对整个世界的人文关怀，同时也可以从这个大千世界中汲取学术灵感。这部分内容的意义在于：一方面是新媒体创作的实践，这些文章都是网络推文；另一方面我把这些新内容看作新传播研究的"田野"。

"粉丝电影"是电影吗？

　　假期我在网上看了两部电影——《小时代》和《后会无期》，我的学生得知后很惊讶：老师你也喜欢看这些电影？我说喜欢谈不上，只是想了解一下当今的中国电影。郭敬明和韩寒拍摄的这两部电影票房分别为13亿元（"小时代"系列三部的总票房）和6亿多元，而同期张艺谋拍摄的《归来》票房却不到3亿元。最近两部有巨大反差的电影也引起了热议，一部是叫好不叫座的电影《绣春刀》，一部是叫座不叫好的电影《心花路放》。有人诘问：电影怎么啦？有人惊呼：中国电影的网生代来了！

电影《小时代》海报

　　电影是什么？不说教科书上的定义，我的理解是：电影是文化工业的产物、工业时代的艺术。过去，我们到电影院去是一件"高大上"的事，电影相比电视，显得更有文化。但在今天，已经不是这么一回事了。有一位大学老师看了《小时代》回来说，以后电影学院只办一个专业——"营销"就行了。对这些电影，影评家、文化学者是嗤之以鼻的，我们把此类电影命名为"粉丝电影"，它的定义是：主打"粉丝"群体，用偶像明星作为票房保障的新类型电影。"粉丝电影"对"粉丝"这一特定人群有着非看不可的意义，因此即使制作低廉，也能有很好的票房收入。对于"粉丝电影"，说得好听一点，它是电影的新类型；说得不好听，"粉丝电影"其实不是"电影"，它是"粉丝经济"的产物。因为"粉丝电影"严格来说并不是按照电影工业的规律生产出来的东西，它不是电影工业时代的产物，而是影视信息时代的产物，或者把它叫作互联网电影更合适，它是按互联网思维生产出来的产品，先有用户（粉丝即核心用户）再有产品，先有需求再有消费。这就是"互联网＋"的本质——供需重构。韩寒的粉丝会对韩寒说，郭敬明都拍电影了，您赶紧拍吧！甭管他拍成什么样，他的粉丝一定会去捧场。韩寒和郭敬明根本不用担心票房，这就是"粉丝电影"。

电影《后会无期》海报

这是一种现象还是一种规律？我们不妨从观众这个角度来考察。今年是中国正式接入国际互联网的第 20 个年头，如今的"80 后""90 后"都是互联网的"原住民"，他们是被互联网文化驱使到电影院的。郭、韩既是网络明星，也是意见领袖，他们主导着流行与时尚，引导着网络文化，"粉丝电影"其实是由线上导流到线下的。当然，这类电影是快餐文化，年轻人吃着爆米花喝着可乐，不是为了欣赏艺术精品，而是休闲娱乐，重要的是开心，"粉丝电影"就是为了迎合这种需求。我认同这样的观点："当我们网生代的观众成为决定我们电影市场权力支配者的时候，我们要防止过度娱乐走向低俗的几种偏向。比如说伦理虚无主义。如果把伦理虚无主义和审美的粗鄙化当成我们电影能够卖钱的法宝，要是天天在这种粗俗的环境中成长，那么想让我们的青少年变得更精致、更文明的可能性就不大。"娱乐有一个"拨乱反正"的叙事机制，让它宣泄完了一定要净化，不能停留在宣泄层面上。虽然互联网让我们更加容易跟观众沟通，但也更容易急功近利。互联网时代还催生了其他新的电影类型——微电影、网络电影、众筹电影，从传播形态到运营模式都有所创新，但如果没有文化的支撑和思想的引领，也是走不远的。

有文章说微信正在拉低中国社会的整体智商，我认为"粉丝电影"至少不会提升中国观众的智商。文化快餐和文化精品都是我们需要的。对于那些艺术电影要给予鼓励、推介和扶持，同时也要借助互联网思维进行营销和生产。在此，我再次呼吁成立艺术院线，如同音乐厅和艺术中心，政府把它作为发展文化产业的重要举措，让它成为城市和社区的文化名片。"下里巴人"和"阳春白雪"都是不可或缺的，否则中国电影是永远没有办法走出国门走向世界的。

（本文原载于"谭天论道"微信公众号，2016 年 8 月 5 日）

话题电影的成与败

2018 年度十大话题电影，第一位《大轰炸》实至名归，却不是因为电影本身。《大轰炸》变成了"大欺诈"，从崔永元的一抽屉合同开始，到这部影片在人们的质疑和叫骂之中不得不撤档，最后，这部群星云集的《大轰炸》只能在美国上映。在此，有必要讨论一下互联网时代催生出来的这个电影怪胎——话题电影。

一、冯小刚打造话题电影

2016 年，冯小刚导演又火了。火的不是他的新作《我不是潘金莲》，而是它所引发的一系列热点话题。而这些话题产生的效果也十分明显，据统计数据显示，《我不是潘金莲》上映首周末 3 天票房破 2 亿元，成为电影史上 11 月首周票房最高的国产电影。

《我不是潘金莲》的票房烫热了冷档期，口碑评价却两极分化。以文艺青年聚集的豆瓣网为例，虽然《我不是潘金莲》的评分为 7 分，但给最低分和最高分的特别多，说明观众要么很喜欢，要么很不喜欢。在互联网时代，一部电影的热播不只取决于它的内容，更取决于观众、网民对它的议论和争论。如果有一半人说它好，另一半人说它不好，而这两拨人还为此吵起来，那就热闹了，甚至会形成传播的裂变，引发更大的传播力，无形给新电影做了最好的宣传。"吃瓜"群众怎么也忍不住要去看一看大家到底在争吵什么。

本来，由于"跳票""延期""传闻中的审查困难"等因素，《我不是潘金莲》还没上映就已经形成了热点话题。而上映首日就遭遇万达院线出于对高管叶宁跳槽华谊的不满而给出了 10% 左右的低排片，彻底惹急了"老炮儿"冯小刚。不管是延期上映还是上映后冯小刚与万达院线愈演愈烈的轮番口水战，都已经把《我不是潘金莲》推到了年度话题电影的位置上。一轮口水战把《我不是潘金莲》推上了话题榜首，网友齐刷刷地站队"国民老公"王思聪，但冯导还是为电影赚足了眼球和票房，在电影收益上他并不亏。

我觉得在中国电影导演里，冯小刚无疑才华出众，而且他的才华不仅仅表现在艺术创作方面，而且还体现在传播策略方面。从贺岁片开始，《甲方乙方》《一声叹息》等，冯氏电影关注当下、嘲讽丑恶，有很强的现实性和话题性。而冯导那敢说敢为的个性和地道幽默的京腔，每每把论战从电影本身引向整个院线，甚至王思聪都跳出来"帮"他拉"收视率"。可以说在当代中国电影中，冯导绝对是最具互联网思维的一位导演，他的话题营销无人能及，而且是亲自披挂上阵，把电影的谈资引向社会议题，真是议程设置的高手啊！

进入互联网时代的中国电影，在"粉丝电影""网生电影"的猛烈冲击中，张艺谋、陈凯歌等老导演已显得力不从心。但冯小刚依然不服老，更不服气，以其独特的艺术创造力和话题制造能力孤军奋战，甚至还把战线延伸到电视，执导央视春晚。但是冯氏话题电影让开始减速的中国电影重新发力了吗？实际上，这类话题电影只能在国内热，是走不出国门的，这就是冯小刚与李安的差别。一部好的电影还是要靠好的内容，我觉得"人民日报"微博这段话说得好：

> 同样是恳请票房，方励为《百鸟朝凤》一跪支持者众，大抵情怀不同、高下有别。电影宣发早不是"桃李不言"，但永远是"味道说话"。好导演的战场在摄影棚，不妨少些口炮，多些口碑。

有网友总结了冯小刚过往的十大经典骂战，基本是有作品出来就有骂战，快言快语，行事作风非常直接，有人批、有人捧，但说实话冯小刚导演的电影至少在国内是处在第一阵线。冯导的事业也拓展到电影屏幕以外，开公司做电视节目，还有电影主题公园——冯小刚电影公社。但我还是担心过多把精力投放到荧屏以外，那将会只有话题没有电影了。

二、话题电影是好电影吗？

2017 年有一部电影大火，我不说大家都知道是《战狼 2》，上映仅 13 天就收获 34 亿的票房，刷新了华语电影票房纪录。那么，《战狼 2》是不是一部好电影呢？也许有影迷会说，这电影火得一塌糊涂难道还不是好电影？我认为那倒不一定，在讨论这个问题之前，恐怕先得搞清楚好电影的标准是什么。

我认为真正的好电影就是电影史上的经典影片，例如《魂断蓝桥》《辛德勒名单》，要么以伟大爱情故事诠释电影艺术，要么以洞穿世事人性彰显作品思想。经典还要经受得住时间的考验，这个标准或许太高，好电影也可以等同于优秀电影，就是许多人常说的"叫好又叫座"。《战狼 2》无疑是叫座的，是不是也叫好呢？好看恐怕是观众较为普遍的评价，但好看不等于就是一部好电影的全部。

目前我们看到关于这部电影的专业影评还不多，但话题却非常多，而且很有意思。仅看几篇文章的标题就知道话题不断，如《〈战狼 2〉问鼎票房冠军背后：有一场不要脸和不要命的暗战!》《〈战狼 2〉凭什么成为新的神话?》《〈战狼 2〉太假? 不如看看这些〈战狼 2〉经典台词：燃爆了》……话题不止于电影内容，还延伸到吴京以及他媳妇身上。有人狂赞吴京好一个铁血男儿；有人质疑拍爱国电影的未必是中国籍，搞得吴京摆出硕大的中国护照以正其身。由此可见《战狼 2》毫无疑问是一部话题电影。

什么是话题电影？目前还没有定义，一般来说是指具有话题性的电影，不仅是电影内容有话题，在电影的生产、宣传和发行过程中也不断地产生话题。有的话题是电影营销者制造出来的，有的话题是由观众引爆出来的。不管动机如何，效果都是引起关注、争议甚至轰动效应。擅长话题电影的不是吴京，而是冯小刚，为此我前文已经提及。

无论是导演还是观众，如果过多地把注意力投放在话题上，就会忘记电影本身，毕竟话题只是电影的衍生品。在互联网时代，话题有利于电影的传播，尤其是那些有争议性的话题，还能引发传播的裂变，会吸引观众的注意力，引发他们的观影行为，最终拉动票房。记得有一部电影《富春山居图》，有人就是想去看看它到底有多烂而走进电影院。可见，话题电影与电影营销有关，与电影品质无关，借此实现的是商业价值，而不是其艺术价值和社会意义。

话题电影或者说电影的话题还会裹挟着许多杂质，牵扯着利益各方，让我们看到电影市场中的一股股暗流：网络水军、网络推手，有蹭热点的，有碰瓷的，商家借助电影话题植入他们的广告。话题电影也会形成各种网络文化现象：吐槽吐粪、娱乐造星、社会热点，甚至会造成某些乱象，需要进行治理。更重要的是，这些纷繁的现象会令观众丧失对电影的基本常识和审美判断，甚至会偏离电影的本意和艺术的本体。亲爱的观众，当心别让与电影无关的话题把你带到沟里！

所以说，话题电影不等于好电影。那么，《战狼 2》是不是好电影呢？电影是一门艺术，而艺术往往仁者见仁、智者见智。但还是有一个相对客观的评价，既要看观众的口碑也要看专家的评析，最好不要被话题所左右，让我们把注意力拉回到电影艺术本身。此外，还有一个评价维度，就是看看这部电影能否走出去，得到海外电影市场和国际电影界的认可。

（本文原载于"谭天论道"微信公众号，由 2016 年 11 月 26 日的《冯小刚打造"话题电影"》和 2017 年 8 月 9 日的《话题电影是好电影吗？——从〈战狼 2〉说起》改写而成）

谭维维，给谁一点颜色？

几乎在一夜之间，咱老谭家有一位小姐火了起来。2015 年 12 月 5 日晚，东方卫视明星音乐选秀节目《中国之星》播出第三期，谭维维所演唱的原创歌曲《给你一点颜色》颠覆了摇滚乐的固有形式，她请来五位老人演奏乐器，将小众戏曲曲种"华阴老腔"搬上主流舞台，为自己的"谭式摇滚"注入新鲜元素，席地而坐的老人以板凳、梆子、六角形月琴为乐器，谭维维则打镲帅气献唱。一曲歌罢，不仅所有听众傻了眼，刘欢、崔健两位音乐大咖也目瞪口呆。摇滚教父崔健激动不已，对现场观众说："你们知道你们看到的是什么吗？你们看到的是一个教科书级的中国摇滚乐！"另一位推荐人刘欢盛赞歌曲"接地气"，并对用枣木敲打条凳这一独特的演奏方式跃跃欲试。这一节目也随着电视、网络和社交媒体的传播迅速走红。我不禁在想，谭维维的另类摇滚到底在给谁一点颜色？

先让我们来了解一下摇滚乐吧。摇滚（Rock and Roll）是一种音乐类型，起源于 20 世纪 40 年代末期的美国，50 年代早期开始流行，随后迅速风靡全球。摇滚乐以其灵活大胆的表现形式和富有激情的音乐节奏表达情感，受到了全世界大多数人的喜爱，并在 60 年代和 70 年代形成一股热潮。多数摇滚乐爱好者喜欢将摇滚描述为一种精神，然而关于这种精神究竟是什么却众说纷纭。较有代表性和影响力的摇滚精神大概有：青年自主意识（包括对社会的反思或者反叛，基于其激烈程度不同）；爱与和平（无政府主义通常也与之联系在一起）；反宗教（在欧美等有宗教背景的国家）；享乐主义或者纵欲主义 [以 80 年代的硬摇滚、流行金属 AOR（Album-oriented Rock，专辑导向摇滚）时期为代表]；悲观主义与虚无主义（以黑金属和厄运金属为代表）。

中国最早的摇滚应该是 1986 年崔健在北京工人体育馆举行的百名歌星演唱会上演唱的《一无所有》。崔健和他的摇滚可以说是我国改革开放初期的一个文化符号。那嘶吼中表达的底层抗争，愈发具有艺术感染力，如《北京北京》《春天里》等。摇滚是一种舶来品，但在崔健、汪峰等歌手的带领下，日趋内容本土化、风格多样化，但演唱形式总归是西方的，直到谭维维的摇滚混搭老腔才开始有了东方的韵味。我们再看看这首歌的歌词：

——伙计们，抄家伙

他大舅他二舅都是他舅

高桌子低板凳都是木头

女娲娘娘补了天

剩下块石头成华山

鸟儿背着那太阳飞

东边飞到西那边

为什么天空变成灰色

为什么人心不是红色

为什么雪山成了黑色

为什么犀牛没有了角

为什么大象没有了牙

为什么鲨鱼没有了鳍

为什么鸟儿没有了翅膀

——太阳圆月亮弯都在天上

天空和大地做了伴

鸟儿围着那太阳转

华山和黄河做了伴

田里的谷子笑弯腰

为什么沙漠没有绿洲

为什么星星不再闪烁

为什么花儿不再开了

为什么世界没有了颜色

为什么我们知道结果

为什么我们还在挥霍

我们需要停下脚步

该还世界一点颜色

——娃娃一片片

都在塬上转

娃娃一片片

都在塬上转

在传统中寻找灵感，在乡土中摄取灵魂。我感觉这歌不仅仅是给了审美疲劳的中国歌坛一点颜色，它令我再次想起那句话：只有民族的，才是世界的；为什么星星不再闪烁？为什么世界没有了颜色？"我们需要停下脚步，该还世界一点颜色"。如同白岩松的那句话"是时候该停下脚步等等我们的灵魂"，表达了当下国人的心声，或许这正是谭维维此曲最震撼人心的地方。

（本文原载于"谭天论道"微信公众号，2016 年 2 月 12 日）

生活里不只有微信，还有诗和远方

　　当下中国，谁不用手机，谁不上微信呀？目前微信用户已达 7 亿，其中 50% 的人每天打开微信超过 10 次，25% 超过 30 次。我的一个学生躺在床上玩手机，手一松手机把嘴唇砸破了；我的另一个学生下楼梯看微信，结果脚一踩空摔下去了，爬起来一看还庆幸手机屏幕没摔坏，人没摔坏倒是次要的。大家在朋友圈晒美食、晒美景、晒美女，您听过有人晒诗吗？

　　我的研究生刘晓旋（笔名滴水）不仅写诗、晒诗、读诗，还要出版一部诗集——《带一首诗去旅行》。如今写诗的人已很少了，要么是资深大学者，要么是退休老干部，一个"80 后"女孩也写诗？而且还是一个互联网产品经理！羊年央视春晚让亿万观众在电视机前手舞足蹈抢红包的，就是她和她的小伙伴设计的产品微信"摇一摇"双屏互动。微信产品设计与写诗似乎是风马牛不相及，然而事实就是如此让人匪夷所思。

　　晓旋让我给她的诗集写点东西，我欣然命笔，因为我也曾写过诗，也曾是一位文艺青年。我在她那个年纪时正值一个诗意的年代，是一个充满理想与激情的年代，那个年代的著名诗人有我们的校友汪国真等。此时我想起那个年代的一首台湾校园歌曲这样唱道："不要问我从哪里来，我的故乡在远方。"远方，是一个令人遐想和憧憬的地方。我也喜欢旅行，但已不再写诗。

　　身体和灵魂，总有一个要在路上。如果两个都在路上，人生会不会更加绚丽多彩？晓旋是一个优秀的学生，作为交换生曾经去过俄罗斯，毕业前夕还去了西藏，这会儿大概在意大利旅行吧。《带一首诗去旅行》大部分都是她在旅行途中写就的，下面选录两首。

诗意地栖居

许我一座冰冷的宫殿，

不如给我一间五彩的平房。

造我护城河上举世无双之城堡，

不如赐我幽然林间平平凡凡一小屋。

只愿如小鸟一样辛勤地经营，

如家犬一样忠诚地守候。

最后，

如托尔斯泰一样，

长眠在这厚土里，

春暖草长，冬来雪披。

我想这首诗大概是晓旋留学俄罗斯旅行途中写的。诗可寄情，亦可言志，这首小诗表露了作者有着与列夫·托尔斯泰一样的人生追求和高尚品格。作为腾讯的产品经理，她的工作是非常忙碌的，加班是家常便饭。晓旋有些诗恐怕是上下班途中在地铁上酝酿而成的。

地铁

我以为我看清了这个世界

有人痴睡

有人狂笑

有人伴着音乐摇晃

有人随着人群跌倒

有情侣相依

有相依情侣分散

有孩子于大人怀中甜梦

有大人只在甜梦中才能孩子

有人书中淘宝

有人宝中无书

有人穿上高跟鞋也达不到欲望的高度

有人的欲望还没有高跟鞋那么高

灯光把整个车厢照亮

我以为我看清了整个世界

不料

我已随着我的世界

穿梭在隧道的黑暗之中

地铁是都市生活的一个缩影，是社会百态的一个窗口。晓旋用细腻的文笔、冷静的观察勾勒出一幅城市空间的画卷，用巧妙的对比和独立的思考呈现出一个可见而不可知的世界。有人说"80 后"很自我，"90 后"更自我。"灯光把整个车厢照亮　我以为我看清了整个世界……"这就是"80 后"自我而彷徨的心态。"我以为"是自我否定，更是观察思考，唯有如此才能走出"小我"走向"大我"。晓旋的诗朴素无华，是生命长河中的一滴水，却能折射出七彩阳光。这些诗句意味隽永，在喧嚣都市的匆匆步履中，让人内心多一分平静、多一分淡定。

诗，不只是创作，更需要传播。晓旋的诗集并不只是一本传统的书籍，它还是一个数字媒体。每首诗都会有一个艺术插画二维码，扫描后可以听到读诗音频、读者读后感，后续每个读者都可以来参与。晓旋不仅写诗，还让大家跟她一起来读诗，共同分享彼此的人生感悟和生命体验。或许她在做一个诗歌的实验——在行走中创作，在创作中传播；或许她已研发出一种新的出版形式——互动分享型图书出版；或许她还因此开发出一款互联网的新产品——修复心灵的残缺，拓展生命的宽度？"我不去想，是否能够成功，既然选择了远方，便只顾风雨兼程。"汪国真这句诗激励了无数人，但愿晓旋的诗也相伴你到那阳光灿烂的远方。

（本文原载于"谭天论道"微信公众号，2016 年 6 月 4 日）

新岳阳楼记

　　说实话，我这次来湖南岳阳出差是冲着岳阳楼来的。岳阳楼位于岳阳市西门城头，紧靠洞庭湖畔，与江西南昌的滕王阁、湖北武汉的黄鹤楼并称为江南三大名楼。"先天下之忧而忧，后天下之乐而乐"，北宋杰出的思想家、政治家、文学家范仲淹的名作《岳阳楼记》让洞庭湖畔这幢小楼成为名楼，成为一个家喻户晓的景点。去年国庆长假期间，岳阳实现旅游收入 31.03 亿元，7 天共接待游客 595.11 万人次，岳阳楼因爆满限流。此时正是游览岳阳楼最好的季节，风和日丽，闲庭信步，我还拍了几个抖音作品，配上《我和我的祖国》，为国庆 70 周年献礼。

　　岳阳楼其实并不大，其楼顶形式非常独特，采用了古代将军头盔式的顶式结构，全楼没有用一根铁钉和一道横梁，在我国古代建筑史上也是独一无二的。岳阳楼其实是三国时期鲁肃的"阅军楼"，后来两晋、南北朝时称"巴陵城楼"，到唐朝时巴陵城改为岳阳城，于是巴陵城楼也正式改名为岳阳楼。岳阳楼也应当算是历经曲折，多次经大火大水受损被毁，然后又重修。岳阳楼有三层：一楼有明代董其昌和祝枝山等大书法家书写的《岳阳楼记》雕屏；二楼雕屏为清代著名宫廷书法家张照手笔；三楼则以毛泽东手书杜甫名诗"昔闻洞庭水，今上岳阳楼"为观赏中心，旁有李白所题"水天一色，风月无边"楹联。登上三层高楼顶，凭栏眺望，眼前是烟波浩渺的八百里洞庭湖水，耳边不由自主地回荡起那些千古佳句。

　　在岳阳楼三楼正面的斗拱上挂着刻有"岳阳楼"三个镀金大字的牌匾，这几个字酣畅淋漓，遒劲有力，刚柔相济，尽显大家风范，让人赏心悦目。但奇怪的是这题字没有署名。原来这里有一个有趣的故事——1961 年整修岳阳楼时，当地政府向毛泽东求字，毛泽东认为岳阳楼是文物古迹，请著名考古学家郭沫若题名更为合适。郭沫若对此事非常重视，很用心写了几幅呈送毛泽东审定。毛泽东总觉得那几幅字写得有些拘束，反而看上了信封上随意写的"岳阳楼"三个字。因为所用字是选自信封上的，牌匾上就没有署名。这也说明做一件事，往往越在意越难做好。将结果抛到脑后，于不经意间沉浸到过程之中，反而效果更佳。

景区正门

导游正在一楼大厅向游客讲解《岳阳楼记》

岳阳楼

郭沫若题名牌匾

岳阳楼上俯瞰洞庭湖

其实，范仲淹并未来过岳阳楼。好友滕子京在重修岳阳楼时请范仲淹作记，但他未来过，怎么办？于是滕子京请人画了一幅《洞庭秋晚图》，并给范仲淹写了一封书信——《滕子京与范经略求记书》。滕子京在信中还介绍了岳阳楼的重修情况和巴陵景况，为范仲淹作记提供了素材。《岳阳楼记》写景寄情是为了表达范仲淹的理想和抱负："不以物喜，不以己悲；居庙堂之高则忧其民，处江湖之远则忧其君。"此时，让我想起小时候父亲对我的教导：工作上高标准，生活上低要求。我想这是中国古代名士大家和当代知识分子所共有的思想境界吧。

范仲淹与滕子京雕像

《洞庭秋晚图》

景区为了旅游开发，建了不少项目，如仿建的唐、宋、元、明、清各朝岳阳楼模型组成的"五朝楼观"，还有二公祠、三醉亭、仙梅亭、怀甫亭、小乔墓等。

我对后人附加的建筑并不感兴趣，倒是碑廊内刻的诗文值得一看。碑廊全长240米，按北斗七星的形状排列修建而成，如果从空中往下看，又犹如一把金钥匙，里面收集了近150幅历代名家的书法作品，相当珍贵。

岳阳楼保存的历代文物，当推诗仙李白楹联"水天一色，风月无边"最为著名，其次要数清代书法家张照书写的《岳阳楼记》雕屏。讲解员还在介绍康熙书写的《岳阳楼记》时称赞其书法，说作为一个满族人能写出这么好的汉字很不容易。其实她不清楚清王朝是用汉文化统治中国，康熙帝能写出漂亮的汉文书法也不足为奇。

诗人李白岳阳楼题词 　　　　　康熙皇帝书写的《岳阳楼记》

据说能背下《岳阳楼记》的游客可以免门票。不懂《岳阳楼记》的游客往往会觉得一个小楼没啥好看的。游岳阳楼我建议最好能跟一些文化人同游，这样能够帮你更好地理解这个历史文化景点。景区做了不少外延的拓展，但内涵则挖掘不够。比如说范仲淹，如果不了解作者及其时代背景恐怕很难理解《岳阳楼记》的思想内涵。范仲淹（989—1052），字希文，苏州吴县（今江苏苏州）人，北宋杰出的思想家、政治家、文学家，世称范文正公，文学成就突出，有《范文正公文集》传世。范仲淹"文武兼备""智谋过人"，无论在朝主政、出帅戍边，均系国之安危、时之众望于一身。作为宋学开山、士林领袖，他开风气之先，文章论议，必本儒宗仁义；并以其人格魅力言传身教，一生孜孜于传道授业，悉心培养和荐拔人才；乃至晚年"田园未立"，居无定所，临终《遗表》一言不及私事。他倡导的"先忧后乐"思想和仁人志士节操，为儒家思想中的进取精神树立了一个新的标杆，是中华文明史上闪烁异彩的精神财富。

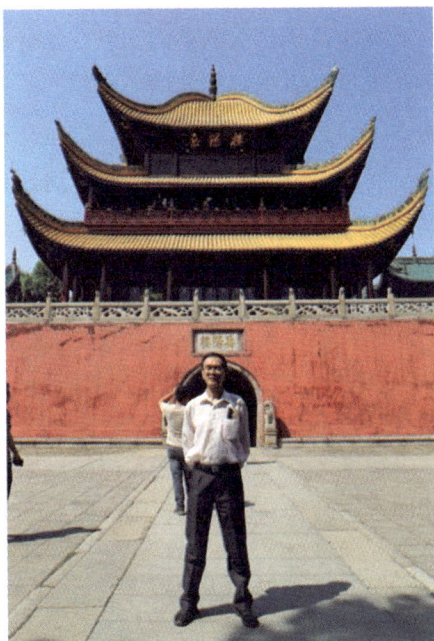

笔者在岳阳楼背面留影

当今中国社会，随着人们物质生活的丰富，消费文化和享乐主义盛行。即使在学界，老师们聚在一起也更多聊生活、比待遇，潜心学术、关怀天下的真学者并不多。志存高远者不免会生出一种孤独感："噫！微斯人，吾谁与归？"（唉！没有这种人，我同谁一道呢？）同游的周教授半开玩笑地对我说，来都来了，谭老师你就写一篇《新岳阳楼记》呗。鄙人才疏学浅哪能续写巨作名篇呀？勉为其难也要有点创新吧？于是，我套用范仲淹的话以赠学人：先天下之学而学，后天下之乐而乐。"先天下之学"意指学科前沿，学术领先。斗胆称拙作为《新岳阳楼记》其实意在抛砖引玉，但愿《岳阳楼记》千年时有人续写这一传世之作。

（本文原载于"东行漫记"头条号，2019 年 9 月 30 日）

独行腾冲，只为一段不该忘却的历史

　　暑假我去云南旅行，在苍山洱海边的大理古城住了下来。同时我也想还一个心愿，就是去腾冲看看那座传说已久的墓园。可是旅行社说那里没有什么景点，除了一温泉没别的。难道可以忘记我们的历史吗？于是，我只好独自背上行囊坐上前往腾冲的班车。经过六个小时的奔波，翻越高黎贡山，我来到了这个偏僻的小县城。我一到腾冲便直奔国殇墓园，千里迢迢只为这一万个为国捐躯的英灵。国殇墓园建成于 1945 年 7 月 7 日，占地 88 亩，主体建筑以中轴对称、台阶递进形式排列。由大门经长甬道循石级而上至第一台阶，再循石级而上，至嵌有蒋中正题李根源书之"碧血千秋"刻石的第二级台阶挡土墙，沿墙分两侧上至第二台阶，建有庄严肃穆的忠烈祠。

　　忠烈祠为重檐歇山式建筑，上檐下悬蒋中正题"河岳英灵"匾额；祠堂正门上悬国民党元老、大书法家于右任手书的"忠烈祠"匾额，祠内外立柱悬挂何应钦及远征军二十集团军军师将领的题联；走廊两侧有蒋中正签署的保护国殇墓园的"国民政府军事委员会布告"，二十集团军总司令霍揆彰的"腾冲会战概要""忠烈祠碑"等碑记。祠内正面为孙中山像及遗嘱，两侧墙体嵌阵亡将士题名碑石，共 9 618 人。国殇墓园是免费开放的，许多到腾冲的游客往往花钱买票参观滇西抗战纪念馆，却不知道这里也值得一看。当然，不了解历史的游客看看展览也是必然的。然而，我觉得真正的历史在于它保存的原貌，那是最有价值的文物。

　　学者普遍认可的数据是：抗日战争期间，国民政府军死亡 380 万人。1937—1945 年，国民政府领导下的国军与日军共有 22 场大型会战、大型战斗1 117次、小型战斗 38 931 次。国民革命军陆军伤亡、失踪约 321 万人，空军阵亡 4 321 人、损失战机 2 468 架，海军损失殆尽。加上因病减员等非战场损失，国民革命军牺牲 380 万人，牺牲了包括张自忠在内的 11 名上将、34 名中将、50 名少将。国殇墓园可说是腾冲军民以鲜血写成的一部活的史书，这部历史的血书，不单单属于腾冲，也属于全世界、全人类。虽然之前已通过影像领略了这座墓园，但现场亲历仍然令我感到震撼。石碑上铭刻的每一个个体的生命都是无价的。滇西抗战阵亡最多的是士兵，其中有不少娃娃兵。我给一位二等兵点上一支烟，我想他生前一定都是给别人点烟的，给他的长官和上等兵。

国殇墓园

　　滇西抗战的主要战役有松山攻坚战、腾冲围歼战和龙陵大会战。松山战役最为惨烈，松山离腾冲还有几十公里（由于交通不便和时间关系此次只好作罢）。可以说，腾冲头上的天空是驼峰航线，地上的路是史迪威公路。这里不仅长眠着众多抗战阵亡的国军弟兄，还有牺牲的盟军朋友，包括飞越驼峰的美军飞行员、前线部队的美军顾问。雕塑不仅有史迪威公路的民众，还有怒斥劝降日军的县长。看过纪录片《寻找少校》，我在这里看到了在收复腾冲战役中阵亡的美军少校麦姆瑞等 19 名官兵的墓碑。当然，这儿也是侵略者的葬身之地。

国殇墓园

国殇墓园是中国规模最大、保存最完整的抗战时期正面战场阵亡将士纪念陵园。然而，它曾长期鲜为人知；因为地处边远的小城，国殇墓园得以较为完整地保存下来，尽管也受到一定程度的破坏。据说当时为了让占据墓园的党校搬走还发生过激烈的争论。由于一些民间研究者的努力，更由于时代的进步，那些战死的英烈和存活的老兵得到了应有的尊重。在 2013 年的中国新闻奖评奖会上，我力主把广东电视台拍摄的《回家吧，老兵》评为一等奖。我强调"回家"的意义有两层：一是他的老家，一是他报效的祖国。我的意见得到评委们的一致赞同。

腾冲还有其他景点，但我都没有去看，因为这些别处也有类似的。只有国殇墓园是独一无二的，遗憾的是有许多人并不了解。墓园里的游客并不多，或许大多数游客只参观抗战纪念馆（有些人认为看陵墓不吉利），或许他们更喜欢领略古镇风情和当地美食。由此可见，历史留存不易，挖掘历史真相并让世人了解更不易。天下着小雨，我却浑然不觉，一直徜徉到墓园关门。我想，历史是不应该被忘却的，一个忘记自己历史的民族是不会强大的。

（本文原载于"谭天论道"微信公众号，2015 年 9 月 4 日）

回不去的凤凰古城

　　十五年前，也就是 2004 年 5 月，我来到了湘西凤凰古城。当时旅游还没有像今天这样热，我拿着一台只有二百万像素的数码相机来拍照（这种最早的数码相机是一次会议发的纪念品，像素低内存小），我只能拍下有限的几张照片，但已美不胜收。后来我把这些照片放在我的博客里，有网友看了说，她已去过五次，但看了之后还想去。我不知道是我拍得好，还是凤凰这座古城实在太美。

　　凤凰古城位于湖南省湘西土家族苗族自治州的西南部，为典型的少数民族聚居区，主要有苗族、汉族、土家族等。凤凰古城，我向往已久。之所以到此一游，并不仅仅为了那浓郁的湘西风情和沱江两岸吊脚楼里飘出的炒腊肉的香味，而是因为一位作家所写的小说以及小说中描写的纯真爱情故事。那就是著名文学家沈从文的小说《边城》，于是我来到了沈从文故居……

沱江

沱江两岸吊脚楼

沈从文故居

虽然是匆匆走过，但那独特的绿水青山依然令人难以忘怀，我想什么时候有机会再去一趟，届时一定要在沱江边上小住一些日子，好好感受一下。不知何时起国内进入了旅游大热潮，听说古城圈起来收门票了。过度商业化让我望而生畏，凤凰还是原来的凤凰吗？古城里会不会人头攒动，街上摆满那些大同小异的旅游小商品？

凤凰还要不要再去？再去看一看的念头总在我的脑海里挥之不去。然而，看了七月娃娃的游记《湘西纪行：即将逝去的小镇生活》之后，我怕再去时会毁掉凤凰在我心目中的美好。有网友说，酒吧毁了凤凰；也有网友说，二十年前的凤凰景美人美，今日的凤凰钱美，骗人更美。据了解，凤凰经历了几次门票收费、免费的折腾，也产生了一些负面影响。日前，我的学生邹璇去凤凰旅游，她给我传来几张照片（见下面两张图）。

凤凰古城夜景

乍一看，凤凰变漂亮了，变时尚了，但看了那灯火辉煌的夜景，我几乎分不出来这是哪里。邹璇告诉我，她这次游了大理、丽江、凤凰三个古城，感觉同质化严重，都没有了历史和民族的特色。我想我怕是回不去那座古城了。中华人民共和国成立后，沈从文晚年再也不写他那田园牧歌式的小说了，而是从事着中国古代服饰研究工作。难道边城已去，凤凰也不在了？

对于当今的旅游业发展，有人提出批评意见：改革开放以来，受利益的驱使，很多古迹遭破坏，这是不争的事实，这践踏了文化历史，望有关部门真正地负起保护历史文物的责任来，对中华民族负责。还有人直言道：不管哪个景区，只要浑身铜臭，只会越来越堕落。古城的开发与保护是一大研究课题。下面我把相隔十多年的两张照片来做一个对比：

古城今昔

有网友说，古城的清新淳朴仍未消逝。有网友告诉我，现在凤凰最美在下游。我们都是匆匆的过客，要真正领略凤凰之美恐怕要住下来。作为西部的旅游景点，她被寄予的既有游客的期待，也有生活在这里世代务农的人们的期待。倘若能稍微宽容地看待，脚步不太匆匆，凤凰依旧碧绿可人，桥下做竹刻的阿公依旧……我打算避开旅游旺季去那里小住几天。亲，你觉得值得吗？

（本文原载于"谭天论道"微信公众号，2016 年 8 月 5 日）

永不消失的香格里拉

实在太美了，我不知道如何用文字来描述它，但那些画面仍一直印在我的脑海里。时隔十年我还是把回忆记录下来吧，因为我不希望它被遗忘，更不愿意它会消失。

20世纪30年代，有一位名叫詹姆斯·希尔顿的英国作家写了一部小说——《消失的地平线》，书中描绘了一个令世人无比向往的"世外桃源"：那里有神圣的雪山、幽深的峡谷、飞舞的瀑布、被森林环绕的宁静的湖泊、徜徉在美丽草原上的成群的牛羊、净如明镜的天空、金碧辉煌的庙宇，这些都有着让人窒息的美丽。纯洁、好客的人们热情欢迎着远道而来的客人，这个美好而神奇的地方叫作香格里拉。

香格里拉（Shangri-La），藏语意为"心中的日月"，它的准确位置长期以来是一个谜，引来了探险家们长达半个世纪的苦苦寻觅。小说是虚构的，但人们发现《消失的地平线》中描述的许多地方其实是取材于美国旅行家约瑟夫·洛克在《国家地理》杂志上发表的系列文章，洛克于1922年到达中国云南丽江之后，就以那里为大本营开始对玉龙雪山周围大片山区进行探险考察。1997年9月4日，云南省人民政府通过组织专家科考、评审，在科学、严谨、实事求是的研究基础上，郑重向世人宣布香格里拉在中国云南的迪庆藏族自治州，就此揭开了这个"世界之谜"和"世纪之谜"。

借到昆明开会的机会，我沿着茶马古道向香格里拉进发。途经束河古镇，我看到世界上最大的转经筒，看到不少虔诚的藏民转着巨大的金筒一圈圈地走着，据说每转一圈就相当于念诵经文一次。我想，人生一辈子，其实不过一个轮回。我还来到被誉为"小布达拉宫"的松赞林寺，蓝天白云下的庙宇，远道而来的信众游客，悠闲地晒着太阳的喇嘛，我耳边响起了腾格尔唱的《天堂》。其实最美的地方还是去梅里雪山的路上。晨雾中若隐若现的深山古寺——飞来寺宛如天外飞来的圣物，翠绿中那一片寂静让来客感到心灵的无比安宁。

香格里拉留影

卡瓦格博峰

　　"别这样指着神山！必须手心向上，以示敬意。"身旁的藏族导游提醒我。是的，我面对的就是梅里雪山中的卡瓦格博峰。我们很幸运，天气很好，不仅看到"露金顶"——晨光映照在山峰上，一片金色；还看到"卡瓦格博献哈达"的奇妙景观——云雾横穿山峰，宛如一条洁白的哈达系在其中。卡瓦格博峰是云南省的第一高峰，是全世界公认的最美丽的雪山之一，被誉为"雪山之神"。藏民认为人的一生如能来此绕山走一圈将是最大的幸福。注意！不是一般的走，而是一步一跪的叩拜行走。卡瓦格博峰仍是一座处女峰，迄今未被人类征服。早在1902年，英国登山队就曾首次挑战卡瓦格博峰；自1987—1996年，日本、美国及中日联合登山队相继向卡瓦格博峰发起挑战，均败下阵来，其中1990年11月至1991年1月，17名中日联合登山队员试图登顶，结果遭遇雪崩全部罹难。当时日本登山队队长面向神山跪下说："我们输了。"多年后，人们才在积雪中发现遇难者的遗骸。2000年，一个宣言被通过，卡瓦格博峰是藏传佛教的朝觐圣地，将永远不允许被攀登。

看过神山古寺，再看虎跳峡的惊涛骇浪，我已是波澜不惊了。倒是多年后，我看到纪录片《唤醒绿色虎》时，被那将会遭受的人为毁灭所震惊，对环境的破坏是我最为担忧的。在人类改造自然所带来的经济发展中，但愿那一道净化

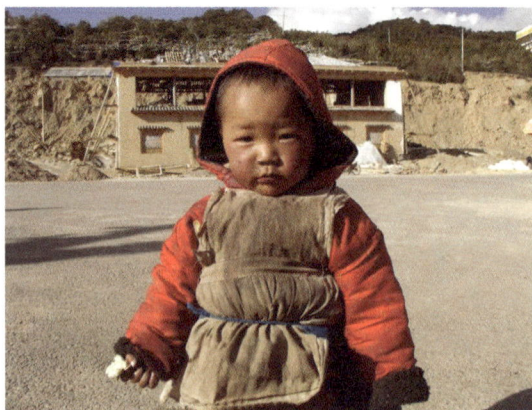

可爱的藏族小男孩

心灵的地平线永不消失。这是一次令人难忘的旅行，除了那山、那寺、那水，还有一个藏族小男孩留存在我的记忆里，那是我在去梅里雪山的路途中拍摄的，他是那么的可爱，我把这张照片题为"天国之子"。

（本文原载于"谭天论道"微信公众号，2017 年 5 月 28 日）

寻找湮没的文明

　　"一带一路"是"丝绸之路经济带"和"21世纪海上丝绸之路"的简称。2013年习近平主席在哈萨克斯坦和印度尼西亚访问时先后提出"一带一路"合作发展倡议和理念。在古代，我国有多条通往世界的主要干道，分别是陆路的丝绸之路、茶马古道、蜀身毒道和海路的瓷器之路（海上丝绸之路）。多年来，我先后在新疆、云南、粤闽等地寻找那些湮没在历史中的古文明。下页两张照片是当年我在中国大陆最南端湛江的徐闻拍摄纪录片《寻找湮没的文明》的工作照，那是在汉代海上丝绸之路始发港遗址之一的珊瑚村。

　　丝绸之路是指起始于古代中国的政治、经济、文化中心——古都长安（今西安）的连接亚洲、非洲和欧洲的古代陆上商业贸易路线。它跨越陇山山脉，穿过河西走廊，通过玉门关和阳关，抵达新疆，沿绿洲和帕米尔高原通过中亚、西亚和北非，最终抵达非洲和欧洲。它也是一条东方与西方之间经济、政治、文化交流的主要道路。最初作用是运输中国古代出产的丝绸。因此，当德国地理学家费迪南·冯·李希霍芬（Ferdinand Freiherr von Richthofen）最早在19世纪70年代将之命名为"丝绸之路"后，即被广泛接受。

　　我最早是从CCTV（中国中央电视台）和NHK（日本广播协会）合拍的纪录片《丝绸之路》中了解到这条神奇的古商路的。沙漠和时间已经湮没了丝绸之路的昔日辉煌，但风格独特的穆斯林建筑、乌鲁木齐大巴扎的繁华还在延续着古代商路的魅力。乌鲁木齐到吐鲁番虽然只是丝绸之路上的一小段，但已令人陶醉。舞台上的维吾尔族少女，街边的维吾尔族大妈，都是一道亮丽的风景线。

　　位于甘肃、青海、新疆三省（自治区）交汇点的敦煌更是记载了丝绸之路最辉煌的历史文化。敦煌市是甘肃省酒泉市代管的一个县级市，它以敦煌石窟及敦煌壁画而闻名天下，也是世界文化遗产莫高窟和汉长城边陲玉门关及阳关的所在地。在这里流传着不少千古绝唱："劝君更尽一杯酒，西出阳关无故人。""羌笛何须怨杨柳，春风不度玉门关。"被誉为"东方卢浮宫"的敦煌莫高窟更是一块文化传承与融合的艺术瑰宝。

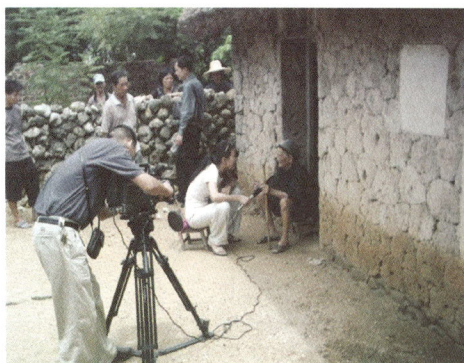

在广东湛江徐闻拍摄纪录片《寻找湮没的文明》

令人陶醉的丝绸之路（新疆吐鲁番）

敦煌莫高窟

茶马古道是指存在于中国西南地区，以马帮为主要交通工具的民间国际商贸通道，是中国西南民族经济文化交流的走廊。它是一个非常特殊的地域称谓，是一条世界上自然风光最壮观、文化最为神秘的旅游精品路线，蕴藏着开发不尽的文化遗产。茶马古道源于古代西南边疆和西北边疆的茶马互市，兴于唐宋，盛于明清，"二战"中后期最为兴盛。在风光旖旎的梅里雪山下，在香格里拉的古朴村落中，在滇西盘桓的险峻山路上还依稀可见昔日茶马古道的痕迹。

噶丹·松赞林寺

蜀（四川）身毒（印度）道恐怕是最早的国际商道。我国从古滇墓葬遗址中出土的文物中，发现有部分来自西域远至今阿富汗的地方。由此证明南方丝绸之路当年已存在。博物馆中这块梵文砖（见右图）也是最好的证据。而大理则是多条蜀身毒道的重要枢纽。公元前 126 年，在外漂泊 13 年的张骞回到长安，

梵文砖

向汉武帝汇报西域的情报，促使汉武帝大破匈奴。同时张骞还汇报说，在汉帝国西南可能有一条途经身毒的秘道，通往大夏（今阿富汗、巴基斯坦）。这一消息引起了汉武帝高度重视，于是派出四路人马前往探索。这四路人马被藏在崇山峻岭中的当地部族阻挡，只有其中一路幸运地来到滇池。滇王热情款待了远方来客并留住，他们一住就是十来年。其间他们在滇王的帮助下西行，却为昆明人所阻，最终未能完成对身毒的探险。

海上丝绸之路，是古代中国与外国交通贸易和文化交往的海上通道，主要有东海起航线和南海起航线两条主路线。通过海上丝绸之路往外输出的商品主要有丝绸、瓷器、茶叶和铜铁器四大宗，往中国国内运的主要是香料、花草及一些供宫廷赏玩的奇珍异宝，于是海上丝绸之路又有"海上陶瓷之路""海上香药之路"之称。宋代泉州作为我国对外开放口岸和"海上丝路"始发港盛极一时，宋元时期被誉为"东方第一大港"，与埃及的亚历山大港齐名。到明清这一外贸口岸移到广州，泉州这一港口城市就此衰落。穆罕默德门徒长眠于此，清真寺留下残垣断壁，幸运的是我在古董店遇到了锡兰公主（流落在中国的锡兰王子后裔）。

海上丝绸之路

从 3 世纪 30 年代起，广州取代徐闻、合浦成为"海上丝绸之路"主港，宋末至元代时，泉州超越广州，与埃及的亚历山大港并称为"世界第一大港"。明清两代，由于政府实行海禁政策，其间广州成为中国海上丝绸之路唯一对外开放的贸易大港。海上丝绸之路不仅仅运输丝绸，也运输瓷器、糖、五金等出口货物和香料、药材、宝石等进口货物，其中瓷器是主要的出口货物。1966 年，日本著名学者三上次男曾沿着这条航线进行了深入细致的考察，并把它称为"海上陶瓷之路"。近年来，"海上瓷路"的提法也开始频频出现，笔者认为"海上瓷路"的提法更准确、更客观，可以说让我们回到了这一领域研究的原点。

2016 年 5 月 26—29 日，我在西安交通大学参加"丝绸之路国际论坛"，先后在主论坛和分论坛作了"海上丝路研究的新航标"和"海上丝路研究的误区和盲点"两场演讲，并与国内外专家学者进行了交流。2017 年 9 月，我到宁夏参加第八届少数民族地区信息传播论坛，在银川参观了中阿之轴，了解丝绸之路与阿拉伯世界的联系。12 月，我再次来到泉州，参观了世界独一无二的摩尼佛教遗像，了解"海上丝路"上的宗教传播。近年来，我从文化、宗教、民族等多维度来研究"一带一路"，力图以一个传播者和研究者的视角寻找那些湮灭的文明。

（本文原载于"谭天论道"微信公众号，2018 年 4 月 27 日）

乌镇的灵魂

　　千年古镇有没有灵魂？是什么让一座古镇历久弥新乃至名扬天下？带着这些问题我来到了江南水乡，来到了世界互联网大会开过不久的浙江乌镇。我觉得在这个世界里，上帝特别眷顾两个地方——一个是欧洲，一个是江南，都是气候宜人，水土肥美，很少有自然灾害，特别适合人类居住。乌镇以前不是一个旅游小镇，而是一个破旧、毫无知名度的小镇，它开发旅游业比周庄晚了十年，比西塘晚了四年。为什么现在乌镇的知名度反而更高？

　　乌镇具有典型的江南水乡特征，完整地保存着晚清和民国时期水乡古镇的风貌和格局。四通八达的水运交通造就了发达的商业和丰富的物产。十字形的内河水系将全镇划分为东南西北四个区块，当地人分别称之为"东栅、南栅、西栅、北栅"，其中开放西栅和东栅为旅游景区。东栅以旅游观光为主题，西栅则以商务旅游、休闲度假为主。乌镇从观光小镇到度假小镇再到文化小镇，它的飞跃发展要得益于陈向宏，这位土生土长的旅游开发者力图从资源产品和精神形态上制造差异性，生成商业模式，形成竞争优势。

　　乌镇是蚕桑之乡、丝绸之府的中心地带，所出产的丝绵质地坚柔，无块、无筋、无杂质，色泽洁白，匀薄如纸。我想江浙一带应该是丝绸之路的始发地吧？

　　乌镇历史上隶属湖州府，湖笔的制作工艺在这里十分盛行。湖笔采用山羊、黄鼠狼、山兔等兽毛为原料，经过七十多道手工制作而成，具有尖、齐、圆、健四大特色。湖笔是如何书写出乌镇文化的呢？

　　乌镇是一个有 1 300 年建镇史的江南古镇，文脉源远流长，文才名士辈出。茅盾故居是嘉兴市迄今唯一的全国重点文物保护单位。文学巨匠茅盾（原名沈雁冰）是中华人民共和国成立后的第一任文化部部长，其小说如《子夜》《春蚕》《林家铺子》等均是"五四"以来优秀文学的典范。茅盾先生的学历并不高，只是大学预科，他主要读的是镇上的立志书院，可见书院文化底蕴之深厚。

　　小桥流水人家，小镇曾有不少大户人家、书香门第，家中都有不少藏书。浏览中我突然瞥到古籍旁立一牌子：《似水年华》黄磊（饰剧中文先生）修过的古籍。这让我想起了电视剧中在宁静空旷的小镇夜晚，黄磊和刘若英演绎的爱情故事。夜幕降临，尘嚣渐去，传统的社戏与西式的酒吧形成了不同文明的时空对话。水乡古镇的迷人夜景更让游人流连忘返。

因为喜欢陈丹青的文字，由此知道他的老师——画家、文学家、诗人木心先生，进而得知木心回国就定居于乌镇以及他去世后落成的木心美术馆。因此，我一到乌镇便急着去参观。那天我们到西栅景区浏览，行至一片水域突见一座简约而气度不凡的建筑立于水中——木心美术馆。同行的两位却不想进去，说在外面等我，我只好独自进去。

乌镇水乡

与外面的熙熙攘攘相比，馆内人并不多，甚至可以说有点冷清。将木心先生带到大陆读者面前的是陈丹青。陈丹青在纽约求学时认识木心，他说木心"推翻了我以前对当代文学的看法。以前我从来不看中国当代文学，看了木心之后我觉得我可以看当代文学了"，遂拜木心为师并极为推崇。2006年，木心文学系列首度在大陆出版，始获本土读者认知。同年，他应故乡乌镇的盛情邀请，回国定居。

木心美术馆

简约的美术馆临水而立，与气派十足的乌镇剧院隔水相望。江南古镇以其深邃的历史文化底蕴、清丽婉约的水乡古镇风貌、古朴的吴侬软语民俗风情，在世界上独树一帜，是长三角经济社会发展的文化资源、品牌优势，也是促进长三角区域可持续发展的重要源泉。茅盾故居、木心美术馆、乌镇戏剧节都是文化的传承，戏剧节让乌镇气质变得不一样，而互联网大会则把乌镇推向世界。我认为文化的传承与传播便是乌镇的灵魂，你觉得呢？

大剧院、美术馆成为乌镇新的地标，可能不能直接带来效益，却为后十年乌镇的发展做了铺垫。美术馆运行一年，乌镇至少要贴一千多万元。但乌镇人是这样想的：一个三线城市的江南小镇有美术馆，可以让孩子们看到国际画展，那么，这里的孩子和北京、上海的孩子有什么区别？乌镇旅游的未来是什么？就是文化！而这些就是种子。乌镇的灵魂，便是这些得以传承和传播的文化。

（本文原载于"谭天论道"微信公众号，2016 年 11 月 18 日）

走过大半个中国来看你

应哈尔滨工程大学（前身是"哈军工"）国家大学生人文素质教育基地启航讲坛的邀请，我再次来到冰城哈尔滨。之前我不知道哈尔滨有三个"哈工大"："985"的哈尔滨工业大学，"211"的哈尔滨工程大学，以及哈尔滨理工大学。此行，我的任务主要是给前两所大学讲学，余暇就是去看我最想看的两个地方——萧红故居和"哈军工"。当然，还有被誉为"东方小巴黎""东方莫斯科"的哈尔滨。

萧红（1911—1942），原名张廼莹，是中国现代文学史上享有盛誉的女作家。萧红故居所在的呼兰区原是松花江市的一个县，后随松花江并入哈尔滨。萧红故居把她的读者带回到女作家的童年生活场景，让我们加深对她的文学才华和传奇人生的理解。故居旁边还建有萧红纪念馆，游客可在此了解她的生平。

萧红纪念馆（右图为哈尔滨工业大学王妍教授）

在时间的长河里，多少名噪一时的作品旋即湮没无闻，但《呼兰河传》却常读常新，召唤不同时代的读者与之对话，从而让萧红远远超越了她的时代。一位哈尔滨本地的大学生向我坦言她没去过萧红故居，但在这个追逐金钱、充满物欲的时代又有多少人了解或者想了解萧红呢？我想，不妨读一读萧红及其作品，领略一下那凄美文字中饱含着的一个思想深邃的作家对国民性的反思与批判。

　　"哈军工"的全称是中国人民解放军军事工程学院，由于地处哈尔滨，所以简称"哈军工"。它诞生于中华人民共和国成立之初，当时斯大林向访苏的毛泽东提议帮助中共建立一所军事工程学院，以培养高级军工人才。中共领导即把智勇双全的陈赓大将从战火纷飞的朝鲜战场急召回国，让他筹建并任院长。为了办好这所学校，新生的共和国在经济十分困难的情况下给予极大的支持，集中了全国最好的教授和最优秀的学生。再加上陈赓将军从严治学，这所神秘的军校声名大振，更弘扬着一种精神、一种价值观。

哈尔滨街头

"哈军工"教学楼的建筑具有民族风格，很有特色。梁思成设计了大屋顶，有意思的是屋脊上的雕塑展示着各军兵，代表空军的是飞机，代表装甲兵的是坦克。"哈军工"虽然只存在了17年，却给共和国培养了成千上万的科技精英和高级人才，如中共中央政治局常委、全国政协主席俞正声。

我发现，东北长于工业、重于艺术，商业环境相对差一些。哈尔滨的外来人口也不多。哈尔滨机场恐怕在省会城市机场里是最小的了，从这个侧面可窥视黑龙江经济以及这座省城的发展。哈尔滨除了冰雪节期间游客并不多，近年来随着边贸的萎缩，来这里做生意的俄罗斯人也少了。不过，哈尔滨中西合璧的城市风貌，粗犷豪放的北方民族风情，仍然令人流连忘返。在松花江畔，吃着红肠、喝着哈啤唠嗑也是一件十分惬意的事儿。诚然，哈尔滨要有大发展，光靠吃红肠、喝哈啤是不够的。

萧红享年仅31岁，"哈军工"仅开办17年，但都给人们留下了宝贵的精神财富。那么在今天，哈尔滨人会不会给这座美丽的城市创造出新的精神财富呢？

（本文原载于"谭天论道"微信公众号，2015年5月3日）

我眼中的香港，既熟悉又陌生

　　我去香港的次数不算多，二十多年来就去过六次。但由于有亲戚在香港，加上毗邻香港，身边的朋友和学生有不少香港人，因此我对香港并不陌生。近来香港发生了不少事情，引起了内地的极大关注，然而许多人对于香港的认知大多停留在媒介的传播中，甚至形成一种想当然的刻板印象：东方之珠，国际都会，花花世界。一个真实的香港是怎样的呢？在此，我谨以一个平民视角跟大家聊聊我所认识的香港。

　　记得小时候，在那个物资匮乏的年代，家里不时收到香港亲戚寄来的衣物和食品。广东人把这些能不时接济他们的在香港的亲戚，叫作"南风窗"。香港，在我儿时的印象中就是一个发达的地方。改革开放后，特别是电视普及后，我们从荧屏上对香港了解更多了。有一次访港我拜访了香港作家李世辉（笔名马云），他创作的《大地恩情》是第一部风靡内地的香港连续剧，在他的引荐下我参观了香港两家电视台：无线和亚视。

　　20 世纪 90 年代，我第一次去香港旅游探亲。高楼大厦、车水马龙，早已在电视上见识过了，倒是一些与内地不同的生活细节令我印象深刻。第一次乘坐香港特有的双层大巴，无人售票，而当时内地公交车是有售票员的。早晨我看到前一天卖剩的报纸就放在街边地上，取走报纸的人会自觉把钱放在原地，除了报贩没有人会拿走这些钱。现代都市的文明程度和市民素质由此可见一斑。

　　香港和广东都讲粤语，语言沟通没有问

香港维多利亚湾

题，文字则不然。香港满街的广告，满街的繁体字，而且不少词儿是从英文直译过来的，例如路名，无论用粤语还是普通话读起来都很费劲。香港人讲话不仅语速快，而且夹杂不少英文单词，或许这就是香港的殖民色彩吧。香港社会治安还可以，对于小钱可以做到路不拾遗，对于大钱就没那么安全——我赴港前些天这里发生了歹徒持枪抢金铺、跟警察对峙的大案，因此街上加强了警卫。

2004 年我调入暨南大学任教，学校里香港学生很多，我发现他们与内地学生有许多不同。在我任系主任时，一天一位香港学生走进我的办公室要投诉一位老师。起因是考试的时候，老师为了提醒他注意考场纪律，扔过去一个粉笔头，香港学生认为这是暴力袭击。由此可见香港学生的维权意识很强。我发现虽然粤港语言交流没有障碍，但文化障碍却不少，大多香港人对内地了解并不多，有些香港学生甚至说不好普通话。

记得某次播音主持招生面试有一道题：以"春运"为题进行话题评述。有一位香港女生的评述让我们听蒙了，我问她知道"春运"是什么吗，她回答说就是春天的运动会呀。我指导我的香港研究生的毕业论文《内地电视在香港传播研究》，经过调查发现平均每四个香港人中只有一个看过内地电视。我还经常纠正香港同学的说法，不是中国与香港，而应该是内地与香港，国家意识淡漠也是一个问题。

印象最深的香港行还是在 20 世纪 90 年代，1997 年春节期间我随湛江政府代表团赴港采访。当时内地与香港开展积极合作和频繁互动，各地政府每逢春节都会去香港搞团拜活动，感谢过去

香港街景

一年香港各界对当地经济发展的支持。在春节团拜酒会上我见到香港明星汪明荃，此前湛江遭受特大自然灾害的时候她带领香港各界捐款赈灾，与湛江结下了深厚情谊。此行我还随市领导走访了在港的中资银行，还登上超高层建筑——中银大厦。

此行恰逢邓小平去世，由此我领略到了香港发达的资讯业和传媒的快速反应。香港无线和亚视都是以娱乐为主的商业电视台，此时立刻变成新闻频道，一方面全天候滚动报告来自全国乃至世界各地的反应，另一方面迅速制作并播出邓小平生平事迹的专题片。香港媒体动作之快令人吃惊。当香港记者一早在深圳采访市民时，深圳人还一脸茫然不知所措，因为此时他们还没有看到新闻。

1997 年 7 月 1 日香港回归祖国，遗憾的是邓公未能看到这一幕。回归后，我也多次赴港探亲和开会，从表面上来看香港变化不大，但其地位已在悄然发生变化。就拿电视来说，一位广州台领导跟我说，过去他们是老师，我们是学生，现在大家都是同学了。如今内地电视已超越曾经辉煌的香港电视，而我则多次给香港媒体人讲新媒体。我想，当两地之间位置发生逆转，如何处理相互之间的关系，正在考验中国人的智慧。

不知大家是否记得电影《逃港者》？我家一女邻居三次偷渡香港都被抓回来，那时候的香港对于内地人来讲就是天堂。但如今一河之隔的深圳，其发展已经让香港羡慕不已，许多香港人跑到深圳来投资置业。香港也提出优才计划招揽内地人才。回归之后，内地与

香港景色

笔者"美丽的香港"摄影大赛参赛作品

香港的交流合作更加紧密，继CPEA（《内地与香港关于建立更紧密经贸关系的安排》）之后，粤港澳大湾区发展规划也提出来了。

然而，香港的民生问题和社会矛盾依然存在。暨南大学境外招收学生中实际更多的是港澳台学生。在布置纪录片创作课程作业时，我要求外招生拍摄内招生、内招生拍摄外招生，希望他们通过记录彼此的生活增进了解。香港与内地的地理距离很近，但愿心理距离也能拉近。

以上就是我眼中的香港，既熟悉也陌生。我想：在互联网时代，内地人使用微博、微信，香港人喜欢使用推特、脸书，不只是相互连接的问题，还有长期形成的文化障碍。如何增进彼此的了解，需要内地和香港都做出更多的努力。

（本文原载于"谭天论道"微信公众号，2019年8月6日）

巴黎的三张名片

相信去过法国首都巴黎的人，都会被这座繁华的国际大都市迷住，因为它也是欧洲的文化之都、时尚之都、浪漫之都。埃菲尔铁塔、巴黎圣母院、卢浮宫、凯旋门令人神往，塞纳河、凡尔赛宫、先贤祠、巴士底广场、协和广场闻名遐迩，每一处都可以让你流连忘返。但如果您没有去过下面三处地方，是看不懂巴黎的，更触摸不到它的灵魂的。

一、艺术宝库——卢浮宫

到巴黎的游客一般有两个地方是必去的，一是巴黎圣母院，一是卢浮宫。不幸的是，不久前巴黎圣母院遭遇大火，损毁严重。卢浮宫我更愿意把它叫作卢浮城，一座艺术之城，一座文化殿堂。要看懂它，我建议最好先看一下西方艺术史，但卢浮宫新馆是由华人建筑大师贝聿铭设计的，具有文化优越感的法国人不得不叹服这一极具文化创意的奇思妙想：金字塔与卢浮宫，东西方文明的对话。在此我想起一部纪录片——《当卢浮宫遇见紫禁城》。

卢浮宫

参观卢浮宫一定要备足时间，因为馆藏（展览的只是其中一小部分）实在太丰富了，而且有不少世界级的瑰宝，花一天时间也只能走马观花。那天我是冒雨去的，有人说到卢浮宫就是看三个女人：蒙娜丽莎、维纳斯和胜利女神。

好不容易在这座迷宫中找到世界名画《蒙娜丽莎》，被围得里三层外三层，画像尺寸远比我想象的要小。尽管《蒙娜丽莎》是意大利人达·芬奇所作，却是法国卢浮宫的镇馆之宝。

二、法国文化——左岸咖啡

巴黎最让人着迷的景色无疑是塞纳河以及两岸的大街小巷，河边的旧书摊、街头的咖啡馆散发着浓郁的人文气息。左岸咖啡更是闻名遐迩。19世纪法国巴黎的塞纳河，右岸是新兴商业的繁华气质，左岸则是艺术丰沛的人文思潮，左岸林立的咖啡馆就成为文人骚客流连忘返、思想家哲学家沉思畅想的地方。这里留下一长串如雷贯耳的名字——伏尔泰、卢梭、雨果、萨特，还有毕加索和海明威，甚至还有来自中国的徐志摩。

在欧洲的城市里，咖啡馆比比皆是，但左岸咖啡的人文意义远远超出咖啡馆，已成为一种文化品牌。有一句话说得好："对于一杯咖啡，左岸咖啡馆所倾注的不只是二百五十克的黑色液体，而是一份数百年来对人文思想的尊敬。"随着中国的改革开放，西方的咖啡已经进入这个古老的茶王国。美国的咖啡连锁店星巴克甚至开到了我们的故宫并由此引发争议，有人要求把星巴克从故宫里搬出去。我想，如果左岸咖啡进入故宫会怎么样呢？是中国人不愿意，还是法国人不愿意？

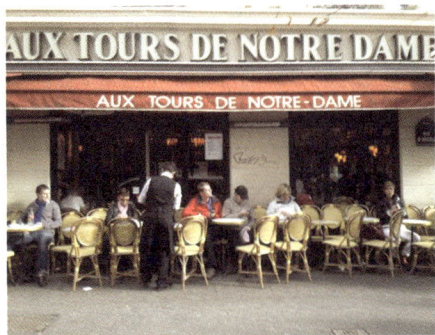

巴黎街景

我下榻的酒店后面正是当年周恩来留学法国时的故居，伫立在纪念牌前，我脑海里浮现一个脸庞英俊、目光坚定的中国青年身影，他频繁地出入咖啡馆与中共旅法支部的同志接头。他的一位战友邓小平，后来作为中国领导人访问法国巴黎时，还特地让工作人员到街角咖啡店给他买来咖啡和牛角包，那股芳香依然令这位改革开放总设计师无法忘怀。我猜想，中国变革的思想跟那些留学生很有关系，它是否与巴黎的咖啡也有某种关系呢？

如今的煮咖啡技术已十分先进，在咖啡馆、酒店甚至一些家庭，只要按动咖啡机上的按键，一杯香喷喷的咖啡就可以做好。听说一些高校喜欢把研究生讨论课移到咖啡馆去上，咖啡是否会激活同学们的开放思维呢？抑或咖啡馆更能营造学术氛围？许多人爱去星巴克，这在法国人看来那是没有文化的地方。访欧时，有喜爱咖啡的朋友让我带点巴黎咖啡回来，我说"左岸咖啡"怎么能带走呢？

三、国家圣殿——先贤祠

一般来说，中国人不太喜欢去看墓地，可能觉得不吉利吧，但西方人则不同，他们甚至会在墓地里举办婚礼。相比卢浮宫、巴黎圣母院、埃菲尔铁塔，我认为体现法兰西精神和历史文化的先贤祠更值得去看。先贤祠位于巴黎市中心塞纳河左岸的拉丁区，它原是路易十五时代建成的圣·热内维耶瓦教堂，1791 年被收归国有脱离宗教后，改为安葬伟人的墓地。

步入先贤祠大门，正面门楣上镌刻着几个大字："Aux grands hommes, la Patrie reconnaissante"（伟人们，祖国感念你们）。这里安葬着对法国乃至世界文明有贡献的七十多位思想家、作家、艺术家、科学家及政治家。卢梭、伏尔泰、雨果、左拉、大仲马、居里夫妇……一个个名字如雷贯耳，让游人顶礼膜拜，让伟人名垂千古。

栖身于先贤祠不是一件容易的事，它的要求非常苛刻。许多享誉世界的名人，如巴尔扎克、莫泊桑、笛卡尔，至今仍不得入。即便是有幸入内的伟人，通常也很难觅到一个宽敞的位置。然而，卢梭与伏尔泰这两位思想家却葬于最显要的位置，并各自享有一个偌大的墓室。卢梭棺木上镌刻着"自然与真理之人"的谥语，伏尔泰的悼词也很简洁："诗人、历史学家、哲学家"。两个生前宿敌死后却长相厮守。面对这般场景，可以想象着左翼、平等、革命与右翼、自由、渐进就这样日复一日地纠结一起，让你仿佛触摸到了法兰西民族最深处矛盾又和谐的灵魂。当然，在这神圣的地方，科学家也理当有一席之地。例如居里夫妇，以及数学家拉格朗日等人：俭朴的墓室、简单的介绍，一如他们平实无华的品质。反而许多当时的达官贵人，无论是拿破仑还是戴高乐无一获此殊荣。

先贤祠

这里也是一个有故事的地方。卢梭一切思想的理论基础是他的自然法则理论。为师法自然，他的棺木外形也设计成了乡村小寺庙模样。从正面看，庙门微微开启，从门缝里伸出一只手来，手中擎着一支熊熊燃烧的火炬，象征着卢梭的思想仍在照亮着这个世界。他的社会契约和主权在民思想不仅成为法兰西共和国的立国思想，也成为当今世界上大多数国家的立国思想。最新迁入先贤祠地宫的是大仲马。2002年他的骨骸从老家的坟茔中起出，迁葬第二十四号墓室，与雨果和左拉同处。这时距他去世已经132年了。可许多人还是对他的迁入不满，因为大仲马的文学地位虽高，却属于通俗文学，再说大仲马的私生活也不太检点。难怪他才入葬两年多，墓室门外镌刻的名字已经被脏东西抹得黑乎乎的，难以辨认了，这也是整个地宫墓群中唯一被抹黑的名字。

法国人用这种仪式告诉我们什么是先贤，尊重先贤是一个民族应有的品质。法国人告诉我们什么叫德高望重，就是用国家圣殿来做这张历史文化名片。也可以说，卢浮宫、左岸咖啡和先贤祠组成了巴黎艺术、文化和历史的三张名片，这也是巴黎作为世界文化之都的底色和亮点。

（本文原载于"谭天论道"微信公众号，2019年9月6日）

荷兰的活力

荷兰全称荷兰王国，国土总面积 41 528 平方千米，全国人口 1 730 万，^① 是世界上人口密度最高的国家之一，它的人口密度超过 400 人/平方千米。为了生存和发展，荷兰人竭力保护原本不大的国土，避免在海水涨潮时遭"灭顶之灾"。他们长期与海搏斗，几百年来荷兰修筑的拦海堤坝长达 1 800 千米，增加土地面积 60 多万公顷。如今荷兰国土的 18% 是人工填海造出来的。镌刻在荷兰国徽上的"坚持不懈"字样，恰如其分地刻画了荷兰人民的民族性格。一踏上荷兰的国土，我就一直在思考这个享有"风车之国""牧场之国""郁金香王国"美誉的小国，何以有那么大的能量，它的活力从何而来？

荷兰在 17 世纪曾为海上殖民强国，继西班牙之后成为世界上最大的殖民国家。当时，全世界共有 2 万艘船，其中荷兰有 1.5 万艘，被称为"海上马车夫"。

在东亚，它占据了中国的台湾，垄断着日本的对外贸易。

在东南亚，它把印度尼西亚变成了自己的殖民地，它建立的第一个殖民据点——巴达维亚城，构成了今天雅加达的雏形。

在非洲，它从葡萄牙手中夺取了新航线的要塞好望角。

在大洋洲，它用荷兰一个省的名字命名了一个国家——新西兰。

在南美洲，它占领了巴西。

在北美大陆的哈德逊河河口，东印度公司建造了新阿姆斯特丹城，今天，这座城市的名字叫作纽约。

1648 年的荷兰达到了商业繁荣、称霸世界的顶点。

1656 年，荷兰使团到达北京。他们遇到了那个时候所有到中国的外交使团都会遇到的一个麻烦，就是在觐见皇帝时必须行三拜九叩的大礼。事实上，一直到 18 世纪末，几乎没有一位欧洲国家的外交官愿意接受这种苛刻的规矩。但是，荷兰人却毫不犹豫地答应了。

---

① （《荷兰国家概况》（最近更新时间：2019 年 12 月），中华人民共和国外交部网站，https：//www.fmprc.gov.cn/web/gjhdq_676201/gj_676203/oz_678770/1206_679234/1206x0_679236/。

风车之国

"我们只是不想为了所谓的尊严，而丧失重大的利益。"

荷兰人的重大利益是什么，就是通商和赚钱。

18 世纪后，荷兰殖民体系逐渐瓦解，但它的活力未减。务实而勤劳，开放与创新的基因仍然流淌在荷兰人的血液里。相比法国人的傲慢和德国人的冷酷，荷兰人显得十分友善，总是微笑着，保持一种开放、宽容的合作姿态。与巴黎十三区政府赠送的法文宣传册相比，西荷兰经贸局却提供中文的宣传资料。随着《中国好声音》的火爆，许多人开始关注节目原创地荷兰，它是如何研发出这样一个风靡荷、美、英、中的节目模式？这个西欧小国的创新力从何而来，朋友们都嘱我到此一探究竟。其实这股创新力是流淌在荷兰人的血液里。《好声音》模式的创意者是荷兰电视巨头约翰·德摩尔，之前他最成功的真人秀节目是《老大哥》（*Big Brother*），但他也是一个颇受争议的人。约翰·德摩尔研发的《荷兰好声音》版权卖到了 46 个国家，他也从"垃圾节目之王"变成了"综艺节目之王"，从挑战观众底线到从"心"出发。具体是怎么操作的呢？西荷兰经贸局副局长范德飞先生告诉我，在荷兰有一个媒体大会，节目公司会把他们的创意拿来交流和交易，在此之前他们先要拿去公证以保护知识产权。经贸和法律是荷兰人最擅长的，国际法庭就设在海牙。

荷兰是一个议会制君主立宪国。虽然首都为阿姆斯特丹，但中央政府、贝娅特丽克丝女王居住办公地、所有的政府机关与外国使馆、最高法院和许多组织都在海牙。荷兰由于没有任何一个政党规模大到能单独在国会取得过半席位，因此小党联合组阁的现象相当常见，这使得政府政策能够长期保持一贯性。荷兰首相府可以随便出入，市民可以去那里遛狗，部长骑着自行车去上班，市民可以在议会畅所欲言，质询政府各项政策法令。

荷兰有着十分发达的现代农业，畜牧业和奶制品世界闻名。荷兰有四宝：风车、郁金香、奶酪和木鞋。此时不是郁金香盛开的季节，但在民俗村里，我们还是领略了田园风光，欣欣向荣；风车和木鞋已没有实用价值，但荷兰人却聪明地把它们转化为景观和工艺品，构建了一个童话王国来吸引来自世界各地的游客。

访问荷兰经贸局

荷兰女王宫

市民在首相府遛狗

市民在议会

阿姆斯特丹是一座奇特的城市。全市共有160多条大小水道，由1000余座桥梁相连。漫游城中，桥梁交错，河渠纵横。从空中鸟瞰，波光如缎，状似蛛网。市内地势低于海平面1~5米，被称为"北方威尼斯"。由于地少人多，河面上泊有近2万家"船屋"。"丹"在荷兰语中是水坝的意思。是荷兰人筑起的水坝使700多年前的一个渔村逐步发展成为今天的国际大都市。

古老的风车、遍地的郁金香、神奇的木鞋、悠然自得的奶牛构成荷兰著名画家凡·高笔下的一道风景。崇尚自由的阿姆斯特丹人一直以进取的品格和开放的精神，书写着自己的历史。恰逢凡·高博物馆修缮，我们不能进去参观。但这座城市却处处可见这位大师的踪影，凡·高生前贫困潦倒，死后却给这个国家带来巨大的荣耀。

我们下榻在海牙中国大使馆旁的酒店，正赶上中荷建交四十周年，我们有幸参加了一些纪念性的文化活动，还有酒会和音乐会。酒会上有意思的是，荷兰人都站着，中国人喜欢坐着。一位风度优雅的艺术家——一位可爱的荷兰老太太，当得知我研究新媒体，特地为她在阿姆斯特丹大学任教的女婿讨了一张名片。在荷兰有华人约12万，我们也顺道逛了一下唐人街，街道地板上刻画着：道可道，非常道。我在想，这"道"，东方与西方是否有不同的理解呢？

阿姆斯特丹的街头，人多且杂：不同肤色的人种，打扮各异，游客与本地人，乞丐和卖艺人混杂一处，但看上去浑然一体，热闹而有序。街头的人群熙熙攘攘，到处是浓郁的市井气息。阿姆斯特丹更像是一座"小市民城市"。这座城市中的人们脚步匆匆，神色平静淡然，一副见怪不怪的模样。阿姆斯特丹似乎容得下一切怪异和另类，在大多数国家明令禁止的赌博、吸毒、嫖娼在荷兰竟是合法的，在这里有合法的卖淫（指定的红灯区）和吸毒（只限大麻）。可以说，阿姆斯特丹简直就是一个人性的大实验场，测试着人们道德容忍的底线。阿姆斯特丹的红灯区是可以参观的，妓女透过玻璃向游客搔首弄姿，有的还向好奇者频频招手。笔者目睹一位坐着轮椅的青年男子看上了一位妓女，那位金发碧眼的姑娘没有同意，并解释说并非因为看不起他，双方都显得十分友好礼貌。这让我感到他们虽然在某些方面（生理或道德）不健全，但他们在人格上是健全的。对人的尊重，尤其是对弱者的尊重是一个文明社会的标志。

游乐场的灯火遮挡了皇宫的轮廓，夜幕笼罩住德瓦伦（红灯区）的交易。阿姆斯特丹，谜一样的城市；荷兰，活力四射又与众不同的国家。

荷兰一瞥

阿姆斯特丹街头

（本文原载于"谭天论道"微信公众号，2014 年 8 月 8 日）

清远是宜居城市吗？

——一座城市的虚拟田野调查

好久没去清远了，借此出差讲课的机会想好好了解一下这座城市。

清远又称凤城，广东省辖地级市，被誉为珠三角后花园，并有"中国优秀旅游城市""中国宜居城市"等美誉。说旅游城市我认可，说宜居城市我就要打个问号了。什么叫宜居？旅游的暂住、度假的小住和长住、定居，是不同的概念。度假旅游只需绿水青山，好吃好玩就行，长住与定居则要考虑城市设施与人文环境了。看来，我要调查一番才能作出结论。

从广州到清远驱车一个多小时，接我的司机小罗十分热情健谈，于是我对清远的调查就在车上开始了。清远依山傍水而建，一条北江把城区分成两块，我把七年前拍摄的过江大桥照片进行了一个对比。现在已有四座过江大桥，车流量增加了，从这个侧面似乎说明了城市的发展。

清远

我下榻的酒店可俯瞰被青山绿水环绕的城区楼群。据了解，不少广州人在这里买房，我的一位同学就买了两套酒店公寓，偶尔来小住，平时则出租。清远位于广州一小时生活圈，周末来清远度假、旅游的人不少，但长住和定居的则不多，毕竟清远除了旅游业之外其他产业很少。我这次在清远的时间很短，加起来不到 24 小时。除了向当地人了解情况，我利用今日头条上的微头条和悟空问答进行了调查。

网上的评论很多，大多是清远人，有些说得很有意思，也说得很真实：

四线城市，一线消费……哈哈哈

清远是个年轻城市，住下来，揾二餐，你才知道什么叫年轻。

堵车消费堪比广州，停车位全部收费，医院效率低

后花园，跟了广州二十年了，只有消费和广州一样

一句清远后花园，让清远的楼市直线上升，普遍二千多的工资，八九千元的房价。

清远市区，不是一个可以投资养老的地方。

市区塞到你怀疑人生，清新区开车罚到你怀疑人生，欢迎你的到来

全是高密度的住宅，来啊，保证你寸步难行，现入住率不到百分之四十，一到上下班高峰期塞到你怀疑人生

四线城市，三线工资，二线房价，一线消费，拥堵。空气指数全省倒数第三。何来宜居一说？

我认为这些吐槽反映当地人对清远发展的不满、焦虑和期望。

看来市民抱怨最多的就是消费、房价和堵车，这要分析一下。过去只有一条老街的清新区已发展成繁华的城区，堵车对于没有立体交通的中等城市来说很正常。至少说到消费高那要看对谁，对于来自广州深圳的游客来说不算高，对于社交应酬来说也是避免不了的，但对于普通老百姓的家庭开销来说，在家门口吃碗猪杂粥应该还能接受吧？对于不断发展的消费型城市，房价一直是居高不下的，不仅是清远，南宁、三亚等城市也会面临此问题。怎么解决？在城市发展中如何惠及当地百姓？这是社会学家、经济学家以及当地政府都要研究的问题。

清远是一个年轻的城市，1988 年才撤县建市。清远市是广东省少数民族人

口主要聚居区，其北部的连山、连南是瑶族自治县，那里还是不富裕的。在经济发达的广东，清远不算发达地区，清远称凤城是由于清远的地图像一只凤凰，其丰富的旅游资源和多元文化或许会让它像凤凰那样展翅高飞。从大珠三角到粤港澳大湾区，清远会成为真正的宜居城市吗？

清远景色

在悟空问答上征集的回答更理性和客观一些：

对于宜居，个人的理解是用舒适度来衡量，其中包含的辅助要素有治安、卫生、教育、物价、医疗、就业等，但最宜居与否，最主要的是人文决定。在目前经济挂帅的情况下，真正宜居的城市可能还等些日子才会出现。

清远适合居住是指某些区域，和财力、年纪都有关。例如和广州仅一路之隔的清远美林湖，可以说是广州和清远一小时车程少有的大盘，环境广州朋友逢进小区没说不靓的！农家乐吃的物美价廉，空气要使劲呼吸，生怕错过这样的好空气！但是有多少老人家真的能长住？特别是有心脏疾病的，一次足够让全家人胆战心惊！

我判断一个城市的发展有两个基本指标，一是外来人口占比，尽管现在清远城市居民以本地为主，但这些年外地人人数也在增加，我认识的清远精英大多是外来移民。另一个就是房价，现在清远的房价已经过万。光盖房子，如果没有城市相应配套建设会产生楼市泡沫的。小罗指着清远的大学城说，那里的外来人最多。这让我想起前些年来清远参加高职教育大学城规划的论证。作为宜居城市，医疗卫生设施也很重要，高州的房价之所以追上管辖它的茂名市，除了其深厚的历史文化之外（旧时高州府），它的医院和学校都办得很棒。

百闻不如一见，实地观察是必需的，于是清晨我来到酒店附近的小公园。那里原是城市进程化之前村民种下的一片松树，如今保留下来成为市民休闲健身的好去处。而在太和洞的民宿则是游客的最佳选择，每天都有大量的市民和游客来此游玩。清澈的山泉，清新的空气，但愿清远不要被迁移下来的陶瓷工业所污染。

长隆野生动物园已落户清远多年，但还没有开业，恐怕要等到广清城轨开通之后。广东省对清远发展寄予厚望并给予大力支持，希望它的发展既快又稳。无论是旅游还是居住，目前清远还基本处于吃自然环境老本的阶段，如何把它提升到更高的发展水平，如何营造更好的人文环境，如何发挥出更多综合效益，还需要清远人以及外来的投资者的眼光和努力。最后，我祝愿清远创建全国文明城市取得成功。

（本文载于"东行漫记"头条号，2020 年 7 月 28 日）

高州的三个"狠人"：冼夫人、高力士、杨永泰

    广东高州是一个人杰地灵的地方，自古出了不少名人和能人，今天我就给大家说说在历史的长河中的三个狠角色，他们分别是冼夫人、高力士和杨永泰。先说冼太夫人（522—602），又称冼夫人，高凉郡（今广东省茂名市电白区电城镇山兜村）人，中国南北朝时期杰出的政治家、军事家、社会活动家，被奉为"岭南圣母"。

    冼夫人率领岭南民众归附隋朝被加封谯国夫人，去世后追谥"诚敬夫人"。她一生审时度势，顺应潮流，对朝廷的忠并非愚忠，她识时务，爱国爱民，因而深得后人敬重。周恩来总理誉之为"中国巾帼英雄第一人"。高州有冼夫人庙300多座，海内外有3 000多座。

冼夫人雕像

　　冼夫人夫家姓冯，冯氏家族是高州当地豪门。其后人又出了一个狠人——高力士（本名冯元一，684—762），唐潘州（今广东省高州市城区）人，父为冯君衡，曾任潘州刺史。他是忠诚而又有谋略的政治家，对唐玄宗不离不弃，被誉为"千古贤宦第一人"。下面我讲一个有趣的典故：这样一个位高权重的太监，却给大诗人李白脱靴，这到底是怎么一回事呢？

　　唐玄宗对李白很欣赏，就封他为供奉翰林。有一天，皇帝又召见李白，请他起草一份很重要的诏书。恰巧李白刚刚喝完酒，趁着酒性对皇帝说："皇上，我有个小小的请求，不知您准不准？"皇上因为急着要李白写诏书，便着急地说："你有什么要求，尽管讲。"李白说："我刚喝了点酒，因此无法像平常那样很恭敬地写文章。请皇上准许我穿戴随便一点，这样我才能把这篇诏书写得符合您的要求。"皇上想了想，摸着胡子说："既然这样，我就准许你随便一点吧。"于是，李白伸了个懒腰说："我穿的鞋太紧了，要换一双松一点的便鞋。"皇帝便立即叫人给他取双便鞋来换。李白趁机向站在一旁的高力士把脚一伸："给我把鞋脱了！"高力士看看伸在他面前的脚，又看看毫无表示的玄宗，只好顺从地给李白脱下靴子。李白可给那些受高力士欺负的人出了口气，但这件事使高力士很愤怒，于是他就经常在唐玄宗面前说李白的坏话。李白在这样的环境里再也待不下去了，只得离开长安，再次到外地游历。

　　第三个狠人可能知道的人不多，即杨永泰（1880—1936），蒋介石首席智囊，政学系巨擘，广东茂名高州大井镇大坡山村人，北京政法专业学校毕业。译有《外交政策》《现代民主政治》等。此人足智多谋，为老蒋出谋划策并为他摆平各地军阀，可以说为蒋家王朝立下了汗马功劳。不过他唯利是图，树敌太多，1936年10月25日赴汉口日本领事馆宴会返回时，在江汉关轮渡码头被人开枪狙击身亡。

　　冼夫人、高力士、杨永泰，对于高州这三个狠人的功过是非，您怎么评价？对于今天的高州，您怎么看？

（本文载于"东行漫记"头条号，2020年7月1日）

南疆采风：喀什的西域风情

看新疆的自然景观要到喀纳斯，看人文景观就要到喀什了。喀什是人类四大文明交汇之地，是我一直想去的地方（我认为中国有两个地方是最具异域风情的，一个是满洲里，一个是喀什）。喀什境内有47个民族，其中近90%是维吾尔族，人数最多，有些市民甚至不太会讲汉语，因为他们是在维吾尔族学校上学，平时讲维语。这里到处可见衣着艳丽的维吾尔族姑娘，小伙子和老头也很帅。

我们从北疆直奔南疆喀什。最具特色的首推喀什噶尔老城景区，它是中国目前唯一保存下来的一处具有典型古西域特色的传统历史街区，民居多以土木、砖木构成，是研究少数民族生活习俗和建筑特色的重要物证。

老城景区

这里的居民是皇族后裔，以手工艺和经商为生，他们还可以为游客提供各种具有浓郁民族特色的家庭美食、表演以及购物等服务。由于时间关系，我们未能体验极具维吾尔族风味的家庭餐。

家庭美食

电动车是主要交通工具，这也是喀什一大怪。这里不仅到处可以看到清真寺及伊斯兰建筑，还可以看到毛主席雕塑和满街的民族团结的标语和宣传画。有一句宣传语既形象又很有特色：各族人民要像石榴籽一样团结在一起。石榴是当地一种主要的水果。

喀什景色

喀什市区有不少清真寺，我们参观了著名的艾提尕尔清真寺，我国现存最大的古寺之一。不做祈祷时游客可以进去参观，但对于穿短裙的女生，寺院管理者会拿出一条围巾以围上腿。维吾尔族古代信仰过萨满教、摩尼教、景教、祆教和佛教。10世纪中叶喀喇汗朝萨图克·布格拉汗归信伊斯兰教。我想，复杂奇特的宗教或许造就了喀什的独特性。

喀什古城里有许多巴扎（集市），美食巴扎、地毯巴扎、首饰巴扎、陶器巴扎等等，最大的还数古城外的中亚国际大巴扎，感觉它比乌鲁木齐国际大巴扎还热闹，但在大巴扎的喧闹中我看到一位维吾尔族男孩在静静地看书。品尝了羊肉手抓饭后，我们打车去参观香妃墓。

香妃墓实际上是阿帕霍加家族陵墓的俗称，是典型的伊斯兰风格的宫殿式陵墓建筑。香妃本名买木热·艾孜姆，自幼体有异香，被称为"伊帕尔罕"（香姑娘）。她被清朝皇帝选为妃子，赐号"香妃"，因不服京城水土病故，安葬于阿帕克霍加墓中。奇怪的是这里的棺木不是埋在地下，而是放置墓内平台上。墓不大，却建了一个很大的公园，空落落的没有人。

下午我们发现了喀什一家百年老茶馆——吾斯塘博依老茶馆，喝着奶茶聊天，听着热瓦甫，在临街的长廊喝茶还可以俯瞰喀什的街景，懒洋洋度过一个下午的感觉挺好。我认为旅行要有节奏，不要一味匆忙跑路走马观花，还可以下马赏花，坐下来发发呆，在风和日丽的古城放空自己也是一段惬意的时光。

我们到喀什地区博物馆参观，讲解员是一个标致维吾尔族长相的女子，只是汉语说得不太利索。不过通过她的讲解和交谈，我们对喀什的历史文化有了更多的了解。

维吾尔族原来是游牧民族，后被赶出蒙古草原从事农耕，但他们还保留着许多游牧民族的习惯，比如说吃肉。我们决定好好品尝喀什的美食，维吾尔族的食物其实就是两大类：一是各种羊肉做法，以烤肉为主；二是各种面食，以馕为主。蔬菜极少，主要是各种瓜果。鲜美的羊肉烤起来很好吃，分量足但油腻，实在吃不了多少。我还发现喀什的牙医诊所很多，估计牙齿也承受不了撕咬肉食的挑战。

南疆还有许多地方很有特色，比如说帕米尔高原，可惜太远，坐车就要六个多小时。于是我们决定还是在喀什深度游。除了古城，喀什也有很时尚很现代化的地方，只是由于时间关系不能尽收眼底。再会，迷人的喀什！

（本文载于"东行漫记"头条号，2020年10月7日）

读书与教书

新媒体发展日新月异，需要及时充电，因此要学会读书。新传播需要更多新型人才，因此，要思考如何培养人才，如何推动教改创新。由此，无论读书还是教书，我都将自己的经验倾囊相授。

我读大数据，拒绝大忽悠

——读《大数据时代》有感

如今说起新媒体和互联网，必提大数据，似乎不这样说就 Out（落伍）了。而且人云亦云的居多，不少谈论者甚至还没有认真读过这方面的经典著作，如舍恩伯格的《大数据时代》（维克托·迈尔 - 舍恩伯格、肯尼恩·库克耶著，盛杨燕、周涛译，浙江人民出版社 2013 年版）。维克托·迈尔 - 舍恩伯格何许人也？他现任牛津大学网络学院互联网研究所治理与监管专业教授，曾任哈佛大学肯尼迪学院信息监管科研项目负责人。他的咨询客户包括微软、惠普和 IBM 等全球顶级企业，作为欧盟互联网官方政策背后真正的制定者和参与者，他还先后担任多国政府高层的智囊。这位被誉为"大数据时代的预言家"的牛津教授真牛！那么，这位大师说的都是金科玉律吗？并不一定，读大师的作品一定要做些功课才好读懂，同时也须具备批判意识，如果做足功课又具备相应的理论功底，就能与之进行一场思想上的对话。

一　读

《大数据时代》是国外大数据系统研究的开山之作。舍恩伯格分三部分来讨论大数据，即思维变革、商业变革和管理变革。在第一部分"大数据时代的思维变革"中，舍恩伯格旗帜鲜明地亮出他的三个观点。第一，更多：不是随机样本，而是全体数据；第二，更杂：不是精确性，而是混杂性；第三，更好：不是因果关系，而是相关关系。对于第一个观点，我不敢苟同。一方面，对全体数据进行处理，在技术和设备上有相当高的难度。另一方面，不是都有此必要。对于简单事实进行判断的数据分析难道也要采集全体数据吗？我曾与香港城市大学的祝建华教授讨论过。祝教授是传播学研究方法和数据分析的专家，他认为一定可以找到一种数理统计方法来进行分析，并不一定需要全部数据。联系到舍恩伯格第二个观点中所说的相关关系，我理解他说的全体数据不是指数量而是指范围，即大数据的随机样本不限于目标数据，还包括目标以外的所有数据。我认为大数据分析不能排除随机抽样，只是抽样的方法和范围要加以拓展。

我同意舍恩伯格的第二个观点，我认为这是对他第一个观点很好的补充，这也是对精准传播和精准营销的一种反思。"大数据的简单算法比小数据的复杂算法更有效。"这更具有宏观视野和东方哲学思维。对于舍恩伯格的第三个观点，我也不能完全赞同。"不是因果关系，而是相关关系。"不需要知道"为什么"，只需要知道"是什么"。传播即数据，数据即关系。在小数据时代人们只关心因果关系，对相关关系认识不足，大数据时代相关关系举足轻重，如何强调都不为过，但不应该完全排斥因果关系。大数据从何而来？为何而用？如果我们完全忽略因果关系，不知道大数据产生的前因后果，也就消解了大数据的人文价值。如今不少学者为了阐述和传播其观点往往语出惊人，对旧有观念进行彻底的否定。

世间万物的复杂性、多样化并非非此即彼那么简单，舍恩伯格也是这种二元对立的幼稚思维吗？其实不然，读者在阅读时一定要看清楚他是在什么语境下说的，不要因囫囵吞枣的浅读而陷入断章取义的误读。比如说舍恩伯格在提出"不是因果关系，而是相关关系"这一论断时，他在书中还说道："在大多数情况下，一旦我们完成了对大数据的相关关系分析，而又不再满足于仅仅知道'是什么'时，我们就会继续向更深层次研究因果关系，找出背后的'为什么'。"[①] 由此可见，他说的全体数据和相关关系都是在特定语境下的，是在数据挖掘中的选项。

大数据研究的一大驱动力就是商用，舍恩伯格在第二部分里讨论了大数据时代的商业变革。舍恩伯格认为，数据化就是一切皆可"量化"，大数据的定量分析有力地回答了"是什么"这一问题，但仍然无法完全回答"为什么"。因此，我认为并不能排除定性分析和质化研究。数据创新可以创造价值，这是毫无疑问的。舍恩伯格在讨论大数据的角色定位时仍把它置于数据应用的商业系统中，而没有把它置于整个社会系统里，但他在第二部分"大数据时代的管理变革"中讨论了这个问题。在风险社会中，信息安全问题日趋凸显，数据独裁与隐私保护成为一对矛盾。如何摆脱大数据的困境？舍恩伯格在最后一节"掌控"中试图回答，但基本上属于老生常谈。我想，或许凯文·凯利的《失

---

① ［英］维克托·迈尔－舍恩伯格、肯尼思·库克耶：《大数据时代：生活、工作与思维的大变革》，杭州：浙江人民出版社，2013 年，第 89 页。

控》可以帮助我们解答这个问题，至少可以提供更多的思考维度。正如舍恩伯格在结语中所道："大数据并不是一个充斥着算法和机器的冰冷世界，人类的作用依然无法被完全替代。大数据为我们提供的不是最终答案，只是参考答案，帮助是暂时的，而更好的方法和答案还在不久的未来。"① 谢谢舍恩伯格，让大数据讨论从自然科学回到人文社科！由此推断，《大数据时代》不是最终答案，也不是标准答案，只是参考答案。

然而，并不是所有的人都能看懂《大数据时代》。有一位资深新闻学者读了《大数据时代》后坦言没看懂，然后他断言"技术决定论"是不对的。我说他是瞎说。他问我为什么。我说其实这是一本工具理性的书，并没有太多论及价值理性，因此，要读懂此书必须具备一些数据科学的基本知识和基本概念，比如什么叫数据、什么叫大数据、数据分析与数据挖掘的区别、数字化与数据化有什么不同，读前做些功课读起来会比较好懂了。

再　读

概念是研究的逻辑起点，"大数据"到底是什么？在百度上搜索到的解释是："大数据（big data），或称巨量资料，指的是所涉及的资料量规模巨大到无法透过目前主流软件工具，在合理时间内达到撷取、管理、处理并整理成为帮助企业经营决策更积极目的的资讯。"大数据有 4V 特点：数量（Volume）、速度（Velocity）、品种（Variety）和真实性（Veracity）。但舍恩伯格认为大数据并非一个确切的概念。他在书中的一段诠释更具人文色彩和社会意义："大数据是人们获得新的认知、创造新的价值的源泉；大数据还是改变市场、组织机构，以及政府与公民关系的方法。"② 其实，概念的界定要看研究者从哪个角度来研究它。

科学家的治学态度是严谨的，而人文学家更具有想象力。一些对大数据不甚了然的人往往夸大了它的作用，甚至把它神化。舍恩伯格认为大数据的核心是预测。"大数据不是要教机器像人一样思考，相反，是要把数学算法运用到海

---

① ［英］维克托·迈尔 – 舍恩伯格、肯尼思·库克耶：《大数据时代：生活、工作与思维的大变革》，杭州：浙江人民出版社，2013 年，第 89 页。

② ［英］维克托·迈尔 – 舍恩伯格、肯尼思·库克耶：《大数据时代：生活、工作与思维的大变革》，杭州：浙江人民出版社，2013 年，第 89 页。

量的数据上来预测事情发生的可能性。"① 舍恩伯格甚至不回避大数据所产生的负面影响，他在第七章里谈到让数据主宰一切的隐忧。我觉得这是实事求是的科学态度。在量子力学里有一个测不准原理：一个微观粒子的某些物理量（如位置和动量，或方位角与动量矩，还有时间和能量等），不可能同时具有确定的数值，其中一个量越确定，另一个量的不确定程度就越大。它是解释微观世界的物理现象，信息社会中的大数据会不会也有类似情况呢？如果我们再拿凯文·凯利的《失控》对比来读的话就更有意思了，这样我们对整个物质世界及至人类社会就有了更全面、更深刻的洞察。从物理王国到生物世界，再到信息社会；从公共卫生到商业应用，从个人隐私到政府管理，大数据无处不在。与此同时，从哪个角度探讨用什么方法研究，舍恩伯格都不会忘记大数据服务人类、造福人类的终极目的和价值所在。"大数据并不是一个充斥着运算法则和机器的冰冷世界，其中仍需要人类扮演重要角色。人类独有的弱点、错觉、错误都是十分必要的，因为这些特性的另一头牵着的是人类的创造力、直觉和天赋。偶尔也会带来屈辱或固执的同样混乱的大脑运作，也能带来成功，或在偶然间促成我们的伟大。这提示我们应该乐于接受类似的不准确，因为不准确正是我们之所以为人的特征之一。"② 用中国话来说就是"人无完人"，人类在收获大数据带来的红利的同时也要承受它带来的危害。这不是对立统一的辩证唯物主义吗？我把它看作带着欧洲批判学派色彩的科学方法论。

问题是研究的价值基点，大数据不是舍恩伯格研究的问题，而是研究对象，他研究的是数据处理和信息管理问题，同时也讨论信息安全和网络伦理问题，还引发哲学上的思考，哲学史上争论不休的世界可知论和不可知论转变为实证科学中的具体问题。可知性是相对的，不可知性是绝对的。大数据之所以为"大"，是因它引发人类生活、工作和思维的大变革，从这个意义上来看，《大数据时代》的意义不仅在于它讨论了若干重大问题，而且在于它对研究者开出了一个问题清单，从而引发更多人来探讨这些有趣的问题。

《大数据时代》实际上主要是一本讨论数据挖掘的书，数据挖掘与数据分析是不同的概念，数据挖掘一般是指从大量的数据中自动搜索隐藏于其中的有

---

① ［英］维克托·迈尔 - 舍恩伯格、肯尼思·库克耶：《大数据时代：生活、工作与思维的大变革》，杭州：浙江人民出版社，2013 年，第 89 页。

② 赵赛坡：《大数据面前,电视台恐将沦为内容代工厂》，钛媒体，http://www.tmtpost.com/69643.html。

着特殊关系性的信息的过程。数据挖掘通常与计算机科学有关，并通过统计、在线分析处理、情报检索、机器学习、专家系统（依靠过去的经验法则）和模式识别等诸多方法来实现上述目标。而数据分析的目的是把隐没在一大批看来杂乱无章的数据中的信息集中、萃取和提炼出来，以找出所研究对象的内在规律。数据挖掘主要运用计算机来进行处理，而数据分析既要用计算机也要人工分析，是计算机科学与人文价值判断的统一结合。换言之，《大数据时代》并不是一本讨论大数据所有问题的书。

《大数据时代》也是一本讨论互联网发展的书，从数字化到数据化，同时有浓厚的未来学色彩。当文字变成数据，我们进入了互联网；当方位变成数据，我们进入了物联网；当沟通变成数据，我们进入了下一代互联网。一切可量化，万物皆数据，正是当今互联网世界的真实写照。面对这样的世界及世界的未来，在《大数据时代》中出现最多的词是"思维"和"方法"，因此也可以把这本书视为思维科学应用研究的书。

三　读

2013 年国庆节前一天，中共中央政治局常委们来到中关村进行集体学习，此次学习以实施创新驱动发展战略为题，采取调研、讲解、讨论相结合的形式。包括习近平总书记、李克强总理在内的七位常委全部来到中关村，这是历史上没有过的。百度、联想和小米的负责人，有了一次直面最高层汇报工作的机会。雷军和柳传志，讲解的都是本公司的各种情况，李彦宏则没有讲百度的广告业务发展得如何好，而是讲起了大数据。在讲解中，李彦宏认为大数据有两个重要价值：一是促进信息消费，加快经济转型升级；二是关注社会民生，带动社会管理创新。这些价值也是目前党和国家领导人最为重视的，可见《大数据时代》既有理论价值也有现实意义。

当今大数据正在影响着新闻传媒业，大数据新闻、大数据营销、舆情分析、受众（用户）研究……数据分析师变身新闻编辑，大数据正改变新闻生产流程，大数据在创造传媒新业态。"不妨想象一下，随着数据的进一步增加，坐拥用户资源的新媒体完全有能力通过数据挖掘分析用户癖好，向电视台定制一部电视剧甚至向好莱坞定制一部电影。到那个时候，电视台一如那些家电厂商们，曾经产业链的上游'王者'，将彻底成为一个产业链最低端的内容代工厂。"①然而，情形也远没有人们想象的那么乐观，李彦宏指出，目前多数所谓的大数据公司其实还是空壳子，因为数据还没有完全开放。他认为必须在政府层面上推动才能真正实现大数据的开发与利用。我在参与讨论大数据时代的舆情监测与预警时说道："经典自由主义传播学说对媒体的定位是：秉持公正、客观立场的媒体被称为代表公众监督政府行为的'看门狗'。其实，媒体既是公众利益也是国家利益的'看门狗'。要看好门就要瞭望、洞察社情民意，传统媒体信息反馈渠道单一，视野、人力十分有限。而开放互动的新媒体平台却大有可为。作为公共信息发布平台的微博可以成为政府及时了解社情民意，从而选择正确治理路径的'导盲犬'。"②遗憾的是目前我国六大数据平台都没有能够开放，基础数据还不能实现共享，真正的大数据时代还没有到来。

与国内不少采用教科书写法的专著相比，国外的书写得更有趣，尤其是大学者写的，不仅视野开阔，而且能够深入浅出。《大数据时代》不到 22 万字，却有上百个学术和商业的实例，丰富翔实的例子让读者感到通俗易懂，深奥的理论看起来也不费劲。这恐怕与舍恩伯格既是学者也是专家，既有理论又有实践有关。反观我们有些学者以故弄玄虚而示高明，实际上是把读者拒之门外。我觉得优秀的科学家也应该是一个科普作家，优秀的学者也应该是一个不错的传播者。当然国外学术著作也有一个翻译问题，这本书译得还不错。此外，《大数据时代》还附有不少 IT（信息技术）界名流的推荐意见，虽是出版商的发行所为，对解读此书也不无益处。

除了《大数据时代》，舍恩伯格还有一本《删除》也值得一读。要研究大数据不能只读一本书，该书译者之一的周涛教授还推荐了三部国内出版的大数据方面的专著——《证析》《大数据》《个性化：商业的未来》。相比《大数据时代》的宏大视野，这些书就大数据某一局部问题给出了深刻的观点。我也推荐阅读中国工程院李国杰院士和中国科学院计算技术研究所副总工程师程学旗合写的文章《大数据研究：未来科技及经济社会发展的重大战略领域——大数据的研究现状与科学思考》。

虽说开卷有益，但是由于每个人的时间精力有限，对于一个研究者来说，

① 谭天：《微博：反映舆情的"双刃剑"》，《中国社会科学报》，2013 年 5 月 8 日。
② 学术声音：《传播学者如何激辩"大数据"》，"复旦引擎"微信公众号，2015 年 9 月 22 日。

不读什么书甚至比读什么书更重要。我认为"书"有三种：有用的书，主要是应用类的专业书；无用的书，主要是形而上的思想类；无字的书，人间百态，社会现实。三种"书"可偏重但不应偏废。对于学生来讲这三种"书"都该读一些，对于研究者则要读那些解决关键问题的书，《大数据时代》就是这样一部书。当然，并非每一个读者都是研究大数据的，但进入大数据时代，还有什么东西与数据完全没有关系呢？麦肯锡全球研究机构认为，未来 10 年里有 12 项对经济发展会产生重大影响的技术，其中就包括三项新媒体技术：移动互联网、物联网和云计算。这三项新媒体技术都与大数据密切相关，而这些新媒体新技术的发展都影响着当今的新闻传播业。阅读此书至少给我们研究新闻传播学带来一些启迪。我觉得一本书的价值不在于让你顶礼膜拜，而是引发广泛而深入的讨论。

并　读

显然，不能就大数据论大数据，听听其他学者从价值理性层面来讨论大数据或许更有助于我们对大数据的了解。大数据计算方法大大扩展了人们在计量、识别及求知事物方面的能力范围。但与此同时，它也给学术研究者带来一系列政治及伦理上的难题。两位著名的网络研究者达纳·波依德（Danah Boyd）和凯特·克劳夫德（Kate Crawford）早在 2011 年就曾发表《"大数据"的关键问题》（*Critical Questions for Big Date*）一文。作者列举了几个由大数据方法所带来的核心问题，即大数据如何改变了"对知识的定义、对客观性与精确性的要求、语境与意义的生成、数据的接触权限以及实践中的伦理与责任"等。最新一期的 *Media Culture & Society*（《传媒文化与社会》）邀请五位传播学者结合自己的研究将大数据问题的建构与隐私、知识、权力、控制等全球性议题相勾连，开展专题讨论。

波依德和克劳夫德在《"大数据"的关键问题》中强调了"对'大数据'接触的限制将造成新的数字鸿沟"。这一观点得到了 Anita Chan 的认同，其认为由于大数据方法在数据获取上弥补了人为数据收集难度大、费时长、耗材多的缺陷，因此吸引了科技领域的研究兴趣，但这也使得一些关键的问题被遗漏。比如，人们往往认为大数据的获取是容易的，却忽略了真正庞大而关键的社交数据（如交易数据）只有社交网络公司自己才能获取。因此，数据的所有权与商业的规则正影响着相关研究的内容与形态。有能力的研究者们通过资本或所有权获得大数据，并做出和无法获取这类数据的研究者们完全不同的研究成果来。长此以往，这一数据接触壁垒将影响大数据科学发展的趋势。同时，作者认为同样难以预估的，是大数据接触壁垒所引发的后果，是大数据获取实现之后将会发生什么：当学术机构与公司以研究为名合作研究大数据后，他们之间的伦理边界将如何确定？

与如火如荼的大数据相对的方法应该叫什么？在 Andre Brock 看来，与其称之为略带轻蔑之意的"小数据"（small Data），不如因其对复杂意义的深度阐释而称其为"深数据"（deep Data）。文章开门见山地抛出观点，认为阐释（interpretation）才是数据分析的核心所在。只有在研究者承认数据库的起源、偏好型的选择及信息科技中的符号性资源都隐藏着某种意识形态，并开始对其检视时，数据分析才最为有效。波依德与克劳夫德的经典文本批评了以收集推特数量来佐证研究效度的思路，质疑此类研究中"用户"、"最低限度活跃用户"（minimally active users）、"独立用户"（unique users）等概念是否被厘清。而在 Brock 看来，此类问题甚为普遍。他指出，将用户行为界定为"在特定平台上交流"脱离了此间蕴含的文化与技术机理，在大数据研究中，这样的概念显然不能阐明用户表达动机的多样性。因此作者在文末倡议研究者们不要只对网络行为做工具性的分析，相反，应该有机地整合批判性的科技文化理论框架，以此来解读用户的网络行为与生产内容。"人都生存于特定的文化之中，因此'大数据'研究不是特定数据的转化，在形式与内容上，它都指涉着某种道德的辨析。"

来自中国香港的学者邱林川曾描述过其两年前在阿里巴巴参观时的经历：在公司内部的某个房间里，一张巨大的屏幕以地图的形式呈现着淘宝网发生实时交易的地点。透过屏幕，能看到中国沿海及内陆在交易量上的巨大差异。这一切，是正在购买商品的用户们所完全不知悉的。"数据的易得并不意味着它就是符合道德的"，波依德和克劳夫德如是说。邱林川也认为大数据的伦理问题必须以一种全球性的、联系的视角去看待，尤其在信息科技迅猛发展的中国。因此，在邱林川看来，数据在何种形势下以何种目的进行开发，才是真正的伦理问题。日渐崛起的商业力量对数据的不法利用是可怕的。它们通过对用户信息进行商业性的分析，调整着相关的法律应对策略，在讨巧地实现商业效益的同时，使用户在自己社交行为的选择上逐渐失去主动权。我将上述现象类比为

"第二次圈地运动"，即通过知识产权对弱势者在信息、图像与思想上的又一次劫掠。在我看来，当下的问题实则是一体两面的，即一方面要寻求在数据浪潮中的自保，另一方面则应思考如何规范商业力量的权限。

学者们还对数据与知识定义、数据与语境问题进行了探讨。我认为，随着大数据的发展和应用，这些讨论还会不断地深入和迫切。舍恩伯格在《大数据时代》的结尾中写道："凡是过去，皆为序曲。"读完此书，我们对大数据的认识才刚刚开始。

《菊与刀》何以成为经典著作？

　　一位学者，隔着一个大洋，对一个她从未涉足的国家和民族做深入研究，并写出一本令这个民族乃至全世界肃然起敬的书，这位女学者就是美国文化人类学家鲁思·本尼迪克特（Ruth Benedict，原姓 Fulton），这本书就是影响力至今未衰的《菊与刀》（The Chrysanthemum and the Sword）。此书在日本重印不下100 次，印数逾 230 万册，平均每 40 多个日本人就有一册。近年还被美国《领袖周刊》列为领袖必读的 100 本名著之一。这本书所蕴藏的思想财富和学术价值已超越日本学、文化人类学的范畴，而对于我则是从做研究的角度来阅读思考。

　　此书始于"二战"后期，当时美国对日本面临两大问题需要研究：一是日本会不会投降？二是假若日本投降，如何占领？要不要保留天皇？为此，美国政府委托本尼迪克特做此研究。于是，她根据文化模式理论，运用文化人类学的方法，把战时在美国拘禁的日本人作为调查对象，同时大量参阅书刊和日本文学及电影，写成报告。她的研究为美国的决策提供了很好的依据，事实发展也如她所预料的一样。1946 年，本尼迪克特把这份报告整理成书出版，立刻引起强烈反响。从这里我得出两个结论：一是要带着问题做研究，二是文化人类学是有用的。日本之所以为日本民族，始于此书！

　　一般来说，英美社科研究注重实证定量，中日学术传统注重人文思辨，然而本尼迪克特这本书不仅资料丰富，而且长于理论分析，她还能抓住日本文化的基础——等级制来展开论述，让人不得不佩服她的学识、敏锐和想象力。很少有哪个国家的学者对另一个民族做如此深刻的剖析，我对日本没有研究，但她的研究是令很多日本学者自愧不如的。当然，也有不认同她的观点的，对于此书的不足也有学者提出批评。比如说她对日本历史梳理不够，军国主义不能代表整个日本等。总的来说，从社会学、文化人类学角度评价很高，从哲学、历史学角度质疑较多。由于研究时间较短（两年），加上未能实地考察，《菊与刀》的局限性是毋庸置疑的，但本尼迪克特的才气和灵气还是令很多日本学者汗颜。

　　鲁思·本尼迪克特，美国当代著名文化人类学家。作为 20 世纪初的少数女性学者之一，她受到法兰兹·鲍亚士（Franz Boas）的影响，同爱德华·萨丕尔（Edward Sapir）提出最早的文化形貌论（Cultural Configuration），认为文化如同个人，具有不同的类型与特征。本尼迪克特早年学习英国文学，故其作品文笔高妙，并善于作诗以及细腻的描述。她的作品中，尤以《文化模式》（*Patterns of Culture*）与《菊与刀》最为著名。尽管她论述的重要性已被其他理论取代，但其著作中提出的问题与关怀，至今仍受到人类学、历史学等学科的重视与关注。本尼迪克特还与另一位美国最著名的人类学家玛格利特·米德（1901—1978）关系密切。

诚然，人类学者采用这种质化研究的方法也不被一些学者认可，甚至有人认为《菊与刀》不是一部学术著作。我认为研究方法没有优劣之分，作为分析工具只有适用与否。没有一种研究方法可以包打天下，要看你解决什么样的问题。研究无非是要回答三个问题：是什么？为什么？怎么办？根据核心问题来进行合理的设计，就能取得较为科学的结论。研究成果一般是阶段性的，当然也会产生超越现阶段的思想和理论。当前努力学习西方尤其是英美学术研究的人越来越多，不少沉迷于所谓科学的实证研究和定量方法，重于术而轻于道，过分追求精确和精细，往往有学术没研究，缺乏对意义的理解、方法论的把握。你可以质疑本尼迪克特某些观点解释或局部分析是否准确，但你不能不承认她对整体把握的那种领悟力和判断力。对于一个有创造力的研究者，我觉得学识高于学术、眼界重于材料。我在想，用这种方法研究一个民族或族群，能否研究一个社会系统呢？比如说媒介融合中的传统媒体。

（本文原载于"谭天论道"微信公众号，2015年2月7日）

难读的书怎么读?

——《对空言说:传播的观念史》读后感

复旦大学邓建国教授的译作《对空言说:传播的观念史》(下文简称《对空言说》)出版了,虽然知道这本书不太好读,但我还是到图书馆借了一本来"啃"。这是美国传播学者约翰·杜翰姆·彼得斯的大作,2000 年荣膺美国传播学会奖。其实多年前,深圳大学何道宽教授就翻译了它,书名叫《交流的无奈:传播思想史》。何教授翻译了大量国外新闻传播著作,但就传播学理论而言,邓建国老师的理解恐怕更深入一些,因此他重译了这部大作。此书不仅阐述传播观念的历史沿革,而且旁征博引,论及历史、哲学、宗教、文化乃至法学与技术史领域,因此如同读一部传播学的百科全书,需要大量的时间去精读细品。

读书是读者与作者的交流,如果对话双方在智力和学识上不那么对等的话,交流将十分困难。其实交流之于人类并不容易,东西方三位先哲——苏格拉底、耶稣和孔子,他们的学说都没有用他们自己的话(声音和文字)流传下来,而是被其门徒记录、编码、弘扬和扭曲的,以至于我们不知道有多少东西是真正属于这些先哲的。由此可见世人与圣人的交流是多么困难。中国古代说天人合一,难道我们要像先祖在天坛上祭祀那样,对天言说?即使在今天,面对面或通过媒介的交流,我们仍有"对空言说"(对牛弹琴)的感觉。那么,这些交流或传播或阅读的障碍到底有什么呢?

读书最好是混着读,两三本书可以同时轮流翻看,可以让不同的大脑皮质轮休。如果知识类别相近的话,相互之间还可以有所启迪。在读《对空言说》的同时,我还在读冯友兰先生的《中国哲学简史》,这是他给美国学生讲中国哲学史的讲稿。冯先生说初学中国哲学的西方学生有两大困难:一个是语言障碍,一个是中国哲学家表达他们的思想的特殊方式,就是我们常说的,每个字都懂,但连起来却不知道什么意思。因此,我们需要多次阅读反复琢磨,需要寻找各种解码方式。通过付出艰辛的努力终于读懂难懂的书,读者就成为破译密码的高手,同时他也获得与大师对话的权利。

概念是研究的逻辑起点,彼得斯先从梳理"Communication(交流)"这个内涵极其丰富的词开始。Communication 有很多种意思:传授、交流、连接、迁移、交换、互动……因此,在 20 世纪 20 年代,人们对 communication 形成了五种看法：交流是对公共舆论的管理；交流是对语义之雾的消除；交流是从自我城堡中进行的徒劳的突围；交流是对他者特性的揭示；交流是对行动的协调。但当时还未区分人际传播与大众传播。"二战"后，信息论催生了信息传播，把 communication 视为自然科学（DNA 为其伟大的密码）、人文科学（语言即交流）和社会科学（传播是基本的社会过程）融为一体的观念，而这一套观念就形成了一门新兴的学科——传播学。

《对空言说》的第一章"两种交流观：说对话与撒播"，说对话是双向的交流，撒播是单向的交流，但都不易实现。实际上全书基本上就在讨论这两种交流方式。彼得斯从苏格拉底和耶稣说起，认为："单向撒播是一种更加友好的方式。"听不听在你，说不说是我的事，尊重彼此。"在少数绝佳的场合，公开撒播甚至可以是激发对话的基础。"传统媒体的传播就是公开撒播，但互联网是否令我们进入了绝佳场合呢？显然，双向交流是更容易实现了，但能否形成对话倒不一定，例如该书读者与作者的交流就很不容易，尤其对于中国读者，一要熟悉西方的文化语境，二要有抽象思维的能力。我觉得读《对空言说》不能有太强的功能性需求，如能用一年时间"啃"下来，还是多少有收获的，这是我对阅读此书的看法。

有一位朋友告诉我，她读研的时候在老师的推荐下去读一本书，觉得很艰深很难读，看了几页就放弃了。多年后她读博的时候在图书馆又见到这本书，随手一翻觉得其实这书很浅。随着时间的推移和阅历的增长，书是由"厚"变"薄"，越读越容易的。经典值得反复阅读，阅读的过程实际上也是与作者进行交流。《对空言说》后面汇集了一些名家金句，很值得玩味，遂抄录几段与大家分享：

尊重交流目的，而不是尊重交流本身，这在任何表达中都是值得的：任何过于具体，而不是产生于业已存在的模式中的东西，都显得不够体贴，意味着古怪，甚至是混乱。
——阿多诺《道德底线》

大众传播的整个理论依靠的，本质而言，是少数人以某种方式对多数人的利用。
——雷蒙·威廉斯《文化与社会》

交流绝对不是将经验——比如意见和愿望——从一个主体的内心运输到另一个主体的内心。
——海德格尔《存在与时间》

（本文原载于"谭天论道"微信公众号，2018 年 9 月 14 日）

看山不是山，看水不是水

——写给读研的同学

不少同学要我讲讲如何读研。老实说我没读过研，但因指导多位优秀研究生而被评为"优秀导师"，也因指导省优硕士论文而被评为"卓越导师"，还由此被选入暨南大学研究生教育督导委员会（新闻与传播学院仅我一人）。借此似乎也可以"胡说"一通，仅供读研的同学参考吧。

你确定你要读研吗？你确定你在读研吗？这是我常问考研和读研的同学的问题。我们许多研究生在读研前都是在中国的应试教育中"茁壮成长"的，从小学到大学，你们被打造成"考霸"而非"学霸"，而我的工作就是把你们从"考霸"变成"学霸"。这有什么不一样吗？我认为，前者坚信教科书上讲的都是对的，背书考试就是任务；后者则大胆地怀疑这书上说的是否都正确，具有批判精神，进而展开研究，这是研究必备。我常戏称那些未能转型的同学：你不是研一、研二，而是大五、大六。

那么，怎么才算读研呢？我认为，第一，读研不是职业培训，如果你真正有兴趣并想以此提升自身才值得去读研，如果你觉得本科没读好一时找不到好工作读读也无妨，但你如果只是为了混文凭换学历有可能白读。我在（微信公众号）后台看到有人问：现在读研真的能够学到日后混饭吃的本事吗？我说，抱着如此功利的目的，最好还是别读。第二，读研不只是上课。不上课时的研究生不知道做什么，不会自己读书和研究，这跟本科生有什么差别呢？我觉得研究生是在下课后才真正进入研究阶段，但有的同学不聊学习聊工作，不谈问题谈美食，已不在状态，怎么做研究？论文不是写出来的，是研究成果的自然呈现。

从下图可见，在读研的动机中，真正想做学术研究的只有8%。不少同学问我读研的意义，我谈一点自己的看法。我认为读研跟找工作没有直接关系，我常对我的研究生说，我不在乎你们能否找到一份好工作，我在乎的是你在十年后取得的成就。许多同学说读研是为了学到更多的知识，那你去工作也可以学到，读第二本科或双学位也可以。我认为读研学知识不是最重要的，因为你工作后会发现学的很多知识过时了，更多的知识需要学习。但读研让你提高了

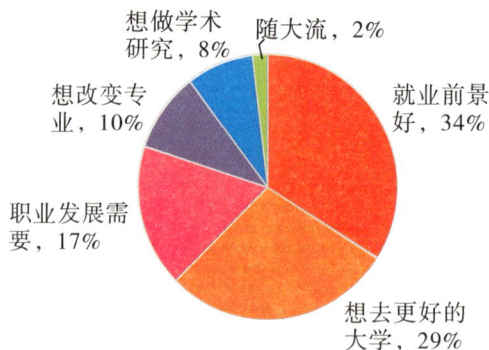

读研的动机

学习能力和创造能力，改变了你的思维方式和认知水平，我觉得这是最重要的。当然这些都是通过你认真读研、深入思考而获得的。

　　读书是读研中最主要的内容和任务。具体怎样读书，有不少方法和经验，届时导师都会指导的，我就不多说了。在此，我只想谈谈我对读书和读研的一些基本看法。可读的"书"有三种：有用的书，主要是应用类的专业书；无用的书，主要是形而上的思想类；无字的"书"，人间百态，社会实践，读万卷书不如行万里路。在人生不同阶段，读书可有侧重但不应偏废。我认为读研有三个层次：第一层次是学点知识，混一张文凭；第二层次是通过艰苦的努力，提高自身能力和眼界；第三层次是重塑自我，达到新的人生境界。

　　我还想跟即将读研的同学说几句。考研录取后第一件重要的事情就是选导师，如果开学后才联系导师恐怕迟了，尤其是那些热门导师，但也不是越早越好，你还没有考上，导师是不会考虑的。至于选什么样的导师，各人喜好不同，并无统一标准。相声艺术家侯宝林先生说过，名师不如明师。我认为官大未必学问大，何况有的担任重要行政职务的导师不一定有足够的时间指导你。可以说，没有最好的导师，只有更合适的导师。最重要的是看那位导师现在正在做哪些研究，是否前沿，是否是你感兴趣的。当然，最好还能了解他喜欢什么样的学生。

　　不少人问我喜欢什么样的学生，我喜欢的学生可能跟别的导师不太一样。我喜欢研究生有锐气、灵气、志气，最不喜欢的是有娇气，我还希望他通过读研变成一个有独立思考能力、有理想、有抱负的人。我不太看重成绩和专业，有人很奇怪我怎么会把一位跨考的工科生收入谭门，我说她会写小说呀，其实我是欣赏她的锐气和灵气。我也曾把一位复试倒数第二名的同学收入门下并把她培养成优秀研究生，这孩子经历了两次高考，还通过自身努力获得保研资格——我喜欢经历过挫折且不懈努力的人，生活的磨砺也是人生的一笔财富。另外，我喜欢有个性的学生，以使谭门形成一个互补的群体。需要说明的是，这只是我个人的喜好，不代表其他导师也如此。

我觉得读研80%靠自己的努力，10%靠你的导师，10%靠其他老师，当然这个比例不是一成不变的。研究生最好的资本是你读的书、你写的论文，不要一进去就想着去实习。最好入学前能多读点书，读些经典（不包括教材），不要以为入学之后有足够的时间读书，尤其是专硕。不要以为研究生的课少会很轻松，每门课的作业量都是本科的几倍，曾有基础差的同学做作业做到哭。至于读什么书，时间怎么分配，生活怎么管理，届时你们的导师和师兄师姐会告诉你。再次强调，本号（指"谭天论道"公众号）不是考研辅导站，我也从不指导考研（推荐汪婷同学给考研党写的一篇文章《考研必须知道的五件事》）。有关读研的问题仍可讨论，你们可以留言，也可以到知乎上去向我咨询，我也欢迎其他老师和读研的同学来分享你们的体会。

（本文原载于新浪"谭天的博客"，2016年7月11日）

毕业赠言，谭门训诫

一、妹妹你大胆地往前走——写给即将步入社会的"傻白甜"

某日参加谢师宴，问同学们都找到哪些工作，大家都说老师为什么要谈那么沉重的话题。我说：难道你们不想毕业？那么，留在学校再读一年好了。大家急喊：不要！新闻院系女生多，有些女生也自诩为"傻白甜"，这里的"傻"有单纯、可爱的意思。何为"傻白甜"？这是某类爱情故事里的女主角，没有心机甚至有些傻，但很萌很可爱，让人感觉不做作。我在这里泛指即将步入社会的女生，不会得罪你们吧？但我这封信不只是写给女生，也包括那些即将步入社会的男生。

有一美国人写了一本书——《学校会伤人》，主要是讲学习方面的，既是写给学生的，也是写给家长的。这本书能让家长学习如何保障孩子在智力和精神上的安全，如何更好地理解自己的过去，用一种"健康"的方式去培育孩子。记得在一次新生入学讲话中，当领导都在讲专业讲理想的时候，新来的班主任嵇老师却提醒女生要学会自保，我深以为女老师的细心指导之必要。"傻白甜"其实有两种，一种是真傻，一种是装傻。不管哪一种，都不要成为"傻白甜"。今天我看到一篇文章里有一句话说得好：你不必委屈自己变得有心计，但也不要蠢得没有心眼。

从看《小时代》到看韩剧、美剧，"卖萌"、自拍、手机控，互联网的原住民仿佛远离了这个现实的星球，有些同学在线上古灵精怪，在线下却呆若木鸡。我想起以前有一小姑娘写了一本书，书名叫作《我不想长大》。这让我反思起中国的学校教育和家庭教育。在中国的传统文化里，"万般皆下品，唯有读书高"，于是，不少学生内心总是想待在宁静的校园里，巴不得永远不走出校门。有一位老师说得好，在学校读书读久了有社会恐惧症。其实现在不少同学在校时已自觉参与各种社会实践，以各种方式接触社会并准备拥抱未来。要相信自己，你不是要到另一个星球上去。

有一阵子，《南方日报》记者强奸女实习生的事情闹得沸沸扬扬。我们要相信这只是个案，社会并不像一些未谙世事的女生想象的那么可怕，那些上当受骗的事儿可以拿来警示自己，但千万不要拿来吓唬自己。俗话说得好，害人之心不可有，防人之心不可无。这世界还是好人多，关键是你能不能找到好朋友、好同事、好前辈。记住：不要窝在自己的小圈子，要大步走进社会大课堂；不要囿于同龄人的卿卿我我，要善于与前辈沟通，向长者请教；不要迷信书本的条条框框，要勇于尝试独立思考。我相信，只要你们勇于面对、善于沟通、敢于承担，未来并不灰暗。套用一句经典电影台词："面包会有的，牛奶也会有的。"

不要羡慕官二代、富二代，要做创一代！有的同学之所以怯于面对社会的激烈竞争，其实是价值观出了问题。世界 500 强的华为公司创始人任正非曾说过，很多人问我，来公司工作有没有双休，需不需要加班，我笑而不语，客气地请他们离开了公司。欲求安逸，为何还要出来工作？直接窝在家里不就得了吗？一开口就在讲困难，成长已经远离你；一付出就在想回报，机会已经远离你；一做事就在想个人利益，收获已经远离你；一有起色就想谈条件，未来已经远离你；一合作就想自己如何不吃亏，事业已经远离你。成功的秘诀就是多付出，"我"愿意！

我要跟同学们说，你们终究是要步入社会的，包括那些读研的同学。当你们把学士帽或硕士帽扔向蓝天的时候，就意味着你们要成为社会人。从学校到社会的距离并没有你们想象的那么遥远，你要勇敢面对，那就只是捅破了一层窗户纸而已。此时，我想起一句歌词："妹妹你大胆地往前走，往前走，莫回头！"不要害怕走进社会，不要拒绝成长！学终究是要上完的，但书是可以终生读的，不仅要读有字的书，还要读无字的书。

二、甩掉拐杖，勇往向前——写在学生毕业离开校园时

跟学生们拍完毕业合影，吃完校园最后一顿饭，我们该说再见了，告别老师，告别学校。天下没有不散的筵席，今日相识于校园，他日相忘于江湖，为师唯有一言相送：甩掉拐杖，勇往向前！此前我曾给本科生写过一篇《妹妹你大胆地往前走——写给即将步入社会的"傻白甜"》，要不要给研究生也写点什么呢？

我带了 12 届研究生，这是我在暨南大学带的最后一届，思绪万千，好像该

说点什么。但我没有厦门大学邹振东教授的口才，他的《一所大学真正改变你的东西是什么？厦门大学教授邹振东毕业演讲》视频播放量上亿；我也没有中国人民大学胡百精教授的文采，他的美文《胡长白丨世上可完满的，唯有真心》真心告白，感人肺腑。怎么办？我想起我的朋友兰州大学韩亮教授的师门手册，他那篇洋洋洒洒的鸿篇大作——《一个非典型兰大教授的"师门手册"100条》（共6 307字）。韩爷那百条"军规"我弄不出来，一来嘴笨手拙，二来我喜欢以身作则，多做少说。不过，我还是积攒下一些所思所想，就当是压箱底的，送给同学们吧。

谭门训诫二十条：

1. 要有书卷气，不要书生气；要有理想，不要有幻想；要有大智慧，不要小聪明。

2. 心底无私天地宽，只要自己不龌龊和灰暗，到哪里都会昂首挺胸。步入社会，要从"心"开始。

3. 任何一种选择最好不是为了逃避。想清楚自己想要的，懂得坚守，学会舍弃。

4. 浮躁是现在青年的通病，如要脱颖而出就要摆脱它，这决定你在10年后是一个人才还是一个庸才。

5. 没有信仰不可怕，但有信仰的人很可怕。有思想力的人才能潇洒地行走在学业之间。

6. 要争取成为一个有格局的人，不以一时成败论英雄，不以一利得失废人生。

7. 我喜欢的研究生要有锐气、灵气、志气，我还希望他通过读研变成一个有独立思考能力、有理想、有抱负的人。

8. 既要热爱生命也要珍惜生命，不为名气利器所伤，方能超越自我、超越时代。超越当下才能走得更远。

9. 脱俗从阅读开始，改变从坚持中来，把读书作为一种生活方式。书有三类：有用的、无用的、无字的（社会实践），都要读一读。

10. 为别人是活着，为自己是生活。同时，为他人也是为自己。精致的利己主义者终究是不利己的。

11. 谭门三力：思想力、凝聚力、战斗力。但愿谭门是我们的精神家园。

12. 学会沟通，营销自己，走出校门后要思考自己的三个定位：职场、社会、人生。

13. 读书（指上学）多不等于有文化，文化是植根于内心的修养，是放眼天下的豁达，是为别人着想的善良。

14. 愿你们走出校园后，做一个守住底线、人格健全的人。学会坚守与坚持，同时也要学会周旋与应变。

15. 心态要平和，每个时代都有竞争，但不要夸大竞争。不要太功利，不要太计较一时一地之失。

16. 平台决定眼界，要努力创造一个尽量高的起点。为此，要善于与长者交流，与智者交往。

17. 学会宽容，学会赞美，要懂得在昏暗中寻找阳光，凡事往最好处努力、往最坏处准备。

18. 解决问题不要优柔寡断，要敢于下决心，下了决心就不要畏缩不前。同时要有执行力、预判力、协调力。

19. 做一个可爱的人。人人喜欢可爱，无论年幼。把自己打扮得好看一点、时代感强一些，你的自信就会出来。

20. 做一个对生活充满激情的人，做一个懂得感恩的人，最好的总会在最不经意的时候出现。

送君千里，终有一别。这里借用毛泽东的诗："俏也不争春，只把春来报。待到山花烂漫时，她在丛中笑。"

（本文原载于"谭天论道"微信公众号，2016 年 7 月 4 日、2018 年 6 月 30 日）

吐槽研究生论文写作"十八怪"

近年来，每到指导硕士论文的时候都有不少导师吐槽，抱怨研究生在论文写作中的种种恶劣表现，我把它们归纳为"十八怪"。今天我也发泄一下心中的郁闷，一吐为快。

一怪：老师，你给个选题吧

不止于此，"老师，资料在哪里找？老师，有哪些参考书？老师，用什么方法研究呀？……"对于这些不动脑子的学生，我不得不怒问道：到底是你做研究还是我做研究?!

二怪：没有问题你瞎写个啥？

不少学生选择了一个研究的对象，却没有要研究的问题。或者问题没弄清，或者就是一个伪命题。这种没有问题研究的论文只能说是伪论文。

三怪：理论是用来充门面的？

不少学生的论文没有理论或对理论一知半解，但为了论文有学理性，硬把各种理论不问青红皂白地往上套，以显得高端。这样的理论运用往往张冠李戴，漏洞百出。

四怪："童鞋"，你是写教科书吗？

不少论文，老师的评价是写得像教科书。什么是教科书式写法？那就是把各种知识分门别类装进"百货架"上，并没有沿着分析问题的思路推进自己的研究。只有并列关系，没有递进关系。

五怪："童鞋"，你有时间写论文吗？

世界上最难的论文指导是你在指导学生写论文的时候，而他却在上班、加班或在应聘面试的路上，总之完全没有时间没有精力写论文。

六怪：不知研究方法为何物

虽然现在新传研究生普遍开设研究方法的课程，但仍有不少硕士论文研究方法乱写一通，例如把一般的内容分析当作内容分析法。

七怪：闭门造车，埋头推车

"90后"的同学都蛮自信的，自信挺好的，但如果自信过度就是盲目自信。而且有些网生代不善于线下与人沟通，闭门造车，埋头推车不看路，这些同学往往目光受限，视野不开阔。

八怪：概念不清，沙滩上建高楼

什么是研究？说白了就是界定和梳理一些概念以及分析它们之间的关系。概念是研究的逻辑起点，概念模糊就好比把房子建在松软的沙滩上，不倒塌才怪呢。

九怪：没有论证先有观点

看学生论文最怕的是一些同学写论文不讲道理，没有推导先有结论，没有经过严密的论证就没头没脑地甩出一个个观点和论断。再者，整篇论文没有形成一条清晰的逻辑链，就像没线的珍珠，做不成项链。

十怪：还要老师改句子、改错别字

现在不少同学小学作文、中学语文没学好，倒学会碎片化的网络语言，不仅错别字连篇，而且文句不通，导师要当语文老师批改作文了。

十一怪：大话、空话、套话

不知从什么时候开始，现在的一些同学写文章都学会说大话、空话、套话。大话，虚夸不实的场面话；空话，无比正确的废话；套话，可以放在任何一篇文章里的话。

十二怪：躲得了初一，躲不了十五

有些同学能力差，怕论文写不好，更怕导师批，怕论文要大改，干脆躲起来，想拖到最后才交。这样的同学害人害己，如果导师不逼紧他，恐怕难以按时毕业。

十三怪：只会堆砌罗列，不会概括提炼

有些同学我很怀疑他是研究生还是本科生，很努力但不得要领，论文材料很丰富，但就是不会用，就像买回一大堆菜却不会烧，恐怕跟平时的论文写作训练不足有关。

十四怪：没写过甚至没看过真正的学术论文

没见过杀猪也吃过猪肉吧？现在不少同学没看过几篇真正的学术论文，写起论文来很费劲。记得有一个同学读研前已发表了十几篇论文（花钱买版面的吧？），但让她写一篇小论文却改了七八次。

十五怪：不懂学术规范和学术话语

学术规范应该是论文写作的常识，但由于平时训练不够、要求不严，有的同学注释不规范，有的同学用文学语言讨论学术问题。

十六怪：数据图表不是用来蒙人的

近年来注重定量研究是好的，但也要做好。不是说有了数据就是科学，弄了一些图表就是"高大上"，火眼金睛的评审答辩老师会看穿这些把戏的。

十七怪：学术不端，害人害己

有的同学能力不够又不努力，就想用各种歪招损招蒙混过关，抄袭、造假，甚至雇人写，如果导师把关不严，那么不仅害了他自己也坑了导师。

十八怪：脑子不清楚，把自己写懵了

也许有些同学没写过容量那么大的文章，也许有些同学写作时精力不集中，写着写着就会满脑子糨糊，写到后面忘记前面，甚至胡言乱语，写懵了。这些同学最好想办法醒醒脑子再写。

或许还有老师要吐槽，或许也有同学要吐槽那些不负责的导师，那么，一起来吧！

（本文原载于"谭天论道"微信公众号，2017 年 5 月 19 日）

新闻传播学硕士论文怎么写

我指导的硕士论文有不少被评为省级优秀论文和校级优秀论文，因此，我也被学校评为"卓越导师"和"优秀导师"。我有一些关于新闻传播学论文指导的经验和心得可与老师、同学们分享和交流，主要从以下三个方面来展开：

一、做好研究的前提

不少同学向我请教如何写好论文，我认为真正的论文不是"写"出来的，而是你研究成果的自然呈现。也就是说，首先要考虑如何做好一个研究，论文只是一种呈现方式而已。我认为做好研究要有两个前提：一是要有好奇心，强烈的好奇心是研究者的必备；二是要有好心态，做研究是很辛苦的事，我主张"快乐学术"。

1. 具有问题意识

写论文先要做研究，做研究先要有问题可研究。所以说写论文从看论文开始，做研究从找问题开始。那么，问题从何而来？不是老师给你，而是你自己去思考、去寻找。问题要从如下几方面去发现：

从社会实践中找，理论就是从实践中来再到实践去的东西；

从传媒发展中找，传媒发展尤其是当今转型面临各种问题；

从理论盲区中找，就是前人没有研究过或研究不够的地方；

从认识误区中找，通过分析批判可以发现认识中存在问题；

从横向比较中找，可从同类事物的不同中发现问题和规律；

从纵向梳理中找，在历史的发展和变迁的拐点上找到问题；

从学术争论中找，不同学术观点争鸣可碰撞出思想的火花。

问题分真问题与伪问题、大问题与小问题、新问题与老问题。我们要找真问题而不是假问题，真问题就在不断的拷问和追问中获取，就在不断的讨论和争辩中聚焦。做研究要有求异思维和批判意识，不迷信权威，不轻易相信，不盲目接受。当你能不停地找到问题，又不断地得到解答时，那么在那些不能得到满意答案的地方或许就有值得去做研究的选题。

2. 恰当的选题

选题就是一个要通过做研究来回答的有价值的问题，定选题也是一个寻找问题、讨论问题的过程。在找选题的过程中有些同学容易陷入以下误区。一是把研究对象看作研究问题。常常有同学这样问，这个东西还没有人研究过，可不可以研究？其实他说的往往是研究对象而不是问题，没有人研究它也许说明这里面并没有值得研究的问题。二是不少同学是凭兴趣去做研究，不管有没有真问题，是否值得去研究。

学习要取长补短，研究要扬长避短。研究者要根据自身条件、学科背景、拥有资源等因素来确定自己的选题。选题过大是研究生的通病，有的选题简直可以写一部书了，如"中国……发展研究"。此类选题往往是没有经过深思熟虑的，缺少可行性或可操作性，比如你要做实证研究却缺少实地考察的必备条件，或者你要做某一领域的研究却没有相关学科的理论积淀，临时抱佛脚的话，就很难做出成果。对于在职研究生来说，他们往往有很强的行业工作思维，很容易把工作中遇到的具体操作问题拿来作选题，此类选题只能写成业务报告和工作总结。因此，既要立足行业更要超越行业，以客观中立的立场，以学术眼光来寻找其中的理论问题。

什么是好的选题呢？著名数学家华罗庚说要研究有生命力的数学。一方面，我鼓励同学们研究有生命力的新闻传播学，鼓励勇于理论创新，不惧怕难度大的选题。当然，根据个体情况力求难度适中。另一方面，研究生要把大课题细化为可以具体操作、能保证完成的小题目，"小题大做"易写深写透，要避免大而空。因为研究生的学习时间有限，硕士学位论文 3 万字容量有限，能够将一两个问题说清楚、有新意就很不错了。

3. 正确的研究方法

这是一个很大的问题，我们不妨按这样的逻辑推进：学科—领域—视角—对象—问题。学科是科学研究的门类，下面可细分为研究领域。研究领域不一定比学科小，如广播电视就是一个多学科交叉的研究领域。媒介批评、电视批评是一种研究视角，电视节目可以是一个比较大的研究范畴，我们可以选择某一类型或典型节目为研究对象。研究对象不等于研究的问题，问题往往隐藏在研究对象之中。

新媒体和突发事件最容易让同学们掉入研究的陷阱，因为在做此类研究时，往往会出现两种情况：一种是其实此类问题已有无数研究，你有可能做重复劳动；另一种是你还没有做好相关理论准备，只是用老办法来研究新问题。我在研究生论文答辩中就发现，用新闻学和大众传播学的经典理论来研究新媒体，大多力所不逮。好的选题，我认为有两个标准：一是真问题，二是有价值的问题。价值包括理论价值和应用价值，二者必有其一。那么，如何入手呢？下面通过两个案例来说明。

选题案例一：网络电视研究

随着网络的普及，网络电视以其互动性、可选择性以及强大的个性化服务功能被越来越多的人所认识和接受。为了能够了解网络电视用户的使用情况，研究影响用户对网络电视选择和使用的因素，将以美国学者罗杰斯的创新扩散理论为理论支撑，运用实证研究的方法，描绘网络电视用户的结构特征，建立网络电视用户的行为模型。

通过对国内外关于网络电视的现状分析，确立了以网络电视用户的使用行为为研究对象。重点论述网络电视的受众，从网络电视受众的概念及特征入手，进而归纳出关于网络电视受众的行为特点。总体上，将使用行为的影响因素分为样本的个人因素和创新的特征因素，个人因素包括性别、年龄、身份属性、受教育程度和经济状况，创新的特征因素包括节目内容的丰富程度、画面清晰度、视频流畅度、操作界面的难易程度、广告弹出数量、广告持续时间和节目的更新速度。最后对网络电视市场的未来发展提出具有现实意义的建议。

点评：这是研究的对象，不是研究的问题，很容易写成业务总结。

选题案例二：如何做好媒体微信公众号？

点评：该选题貌似提出了一个研究问题，这确实是一个现实问题，但不是一个可以研究的学术问题。首先，这一问题很大，是许多问题的集合；其次，这不是一个理论问题，它是研究运营实务，而非研究运营中面对的理论问题。比如传统媒体与公众号是两类不同的媒体，传播方式不同，媒介形态不同，如何转换或融合？我们可以从不同学科视角对这里面存在的问题进行讨论。同时，切入口要小一些。例如：

传播学：从信息传播到关系传播——论媒体公众号的传播变革或以××公众号为例；

社会学：论媒体微信公众号中的"双重嵌入"；

传媒经济学：媒体对接平台的实证研究——以媒体微信公众号为考察对象。

除此之外，我还有四点心得与大家分享：

（1）学习要取长补短，研究要扬长避短，充分利用自己拥有的学科和专业优势来做研究。

（2）新闻学是文科里的工科，传播学是文科里的理科。关注现实，超越现实，不断提升自己的抽象思维和理论水平。

（3）他山之石，可以攻玉。研究在学科的交叉或边缘处较易取得突破，跨学科研究是一种发展趋势。

（4）研究需要讨论和交流，"三人行必有我师"，多与导师讨论，多与同学和其他老师交流，还可以充分利用互联网和社交媒体寻师问道。

二、如何做好一个研究

1. 开题与文献综述

开题报告是研究生撰写学位论文的重要环节。在与导师深入讨论，与同行（不仅是身边的人，还可以通过社交媒体建立自己的学术圈）广泛讨论之后，你就可以找出一个选题，但这个选题真的可以做吗？如何能把它做好？此时就需要一个开题报告会了。开题报告会的功能就是把关和把脉。在研究生开题报告过程中，导师组提的意见越多越细越好，这说明老师对学生负责任。研究生开题报告通过后，还要根据导师组提出的意见修改完善论文开题。

文献综述很重要，它是整个研究的基础，我认为有以下要求：

（1）文献综述要有逻辑，一边陈述别人的观点一边分析，一般需要从多个方面进行分析，同时还要交代这几方面的关系。

（2）文献综述涉及重要文献时，要交代基本观点，经常看到学生罗列了一大堆文献，对罗列的依据却不清楚。文献综述的价值不是告诉我有这些文献，而是告诉我这些文献说明什么。

（3）每一部分的文献综述，要注明具体文献出处，一般需要脚注，注明文献来源，间接引用需要注明文献来源，直接引用需要注明具体页码，一般两种文献呈现都要适当考虑。

（4）文献综述要尽量完整，国内外的文献要适当考虑周全，这样站在别人的肩膀上谈问题，思路就不一样了，切勿轻易说"……还是一个空白"。

除了学术积累和文献综述重要外，还要有学术视野和学术敏感，它决定你能否找到好的选题并能否很好地完成这个研究。开题时不要花太多时间在细枝末节上，具体内容以后写作的时候还可能要调整，具体到章节就可以了。

2. 确定研究思路

问题是研究的价值基点，概念是研究的逻辑起点，所以首先要找到一个真问题、好问题。此外，解决问题的方法路径要合理和科学，这非常重要。我认为有两点值得注意：

（1）关注现实（问题/现象），但必须思考理论问题，而不是套一个理论——经常有同学说我得找个什么理论——千万别被理论绑架了。因为我们对现实问题本质和规律的把握，只有从理论上才能很好地进行诠释和概括，所以才要思考理论。

（2）对策性研究要用数据和方法支撑，拍脑袋谈对策是不行的。不仅要自圆其说，还要有足够的说服力。

关于研究思路的具体要求有：

（1）要交代研究命题成立的合法性，也就是这个研究问题为什么成立，问题性到底在哪儿，不要到最后答辩的时候被老师说你这个问题是一个伪命题。

（2）研究思路不是说你要分几部分来论述，每一部分研究什么，而是要说明白我为什么从这几个部分来谈，每一部分之间是什么逻辑关系，这个要交代清楚。

（3）研究思路即论文框架，在开题时应完成总体设计，在写作过程中可以进行局部设计，但最好不要进行大的修改。如果推翻重来也就说明原定思路有问题，开题工作没做好。但也有另一种情况，原来的思路是对的，但写着写着就写歪了，那就是写作的问题了。

除了上述的具体要求以外，研究思路还需要有创新性要求，即明确指出你在哪些方面进行了创新，这个一般要结合前文文献综述中的结论来谈，需要分几点明确指出哪些方面创新了。

3. 论文写作

研究生论文主要有三类：课程论文、学位论文和学术论文。课程论文主要是做学术训练，目的是培养研究意识和学术规范；学位论文分描述性与论述性两种，用于研究生的综合训练和学术评价，论述性论文有可能取得一定的研究成果；学术期刊发表的论文则是体现最新研究成果，是呈现新观点、新发现的理论创新。

学术论文是科学研究工作者以理论的形式表述自己科学研究的创新成果，公开发表或宣读。学术论文与一般杂文、理论文章的不同点就在于科学性和创新性。学位论文是要通过答辩和专家评审并授予相应学位的学术论文。研究生学位论文首先是写给老师看的，要经得起学者的审阅和检验。学位论文的核心在创新，要尽可能用自己的话、自己的材料来充分论证自己的创新观点。

学位论文完成初稿后，最好冷处理一段时间。一方面交给导师看，等待其提出指导修改意见；一方面利用这段时间考博、找工作、继续读书研究，还可将学位论文拆成小论文发表。在这一过程中，可能又有新的思考和收获。到最后正式提交论文前，或者在预答辩之后，静下心来认真修改论文，这样才能跳出原有的思维定式，将论文修改好，精益求精，不留遗憾，顺利通过答辩并力争取得好成绩。

此外，写论文要从看论文开始，要多读论文，读好论文，还要会读论文。研读论文有三种方式：学习知识型、批评讨论型、启发研究型。

4. 学术规范

学术规范是指学术共同体根据学术发展规律参与制定的有关各方共同遵守的有利于学术积累和创新的各种准则和要求，是整个学术共同体在长期学术活动中的经验总结和概括。学术规范的内容涵盖以下三个层面：

（1）逻辑层面，主要规范逻辑思维与创造性等方面的内容；论文各章节之间要有一个递进的逻辑关系，形成一条问题链，不要采用教科书的写法，前后章节只是并列关系。

（2）方法层面，主要规范研究的路径、边界与方法等；问题决定思路，思路决定方法，而不是反过来。同时要注意问题的边界，把问题讨论限定在一个合适的范围内。

（3）形式层面，主要指文本规范，包括文献索引、引证出处、参考书目、注释体例等。

研究要讲学术规范，没有规矩不成方圆，这就是科学性。但任何一种极致离荒谬只有一步之遥，任何东西强调过头了也会有问题。引经据典、旁征博引不能代替原创。有的一万多字的论文一百条以上的引文。不妨做个试验：将文中的引文全部抽去，还剩下什么？再将转述的话删除，又只剩下什么？

三、研究方法和方法论

研究方法是新闻传播学研究生的核心竞争力。研究任何一门科学都需要找到适合自身的方法和路径。这里说的方法有三个层面：狭义的层面是作为分析工具的研究方法，如内容分析法；广义的层面包括什么是可以研究的问题，怎样设计一个回答问题的研究计划，用什么方法搜集和分析资料，怎样从资料中提出对问题的解释，怎样阐明自己的发现并把它表述出来等研究方法；最高层次的就是哲学层面的方法论，它是人们认识世界、改造世界的一般方法，指人们用什么样的方式、方法来观察事物和处理问题。概括地说，世界观主要解决世界"是什么"的问题，方法论主要解决"怎么办"的问题。在此我着重谈后两个层面的方法。

1. 方法论

"方法论的自觉是学科成熟的标志。"从方法论层面来看，研究新闻传播用什么方法呢？科学的结论通常用两种方法来保证其有效性：要么由经验事实（尤其是数据）予以支撑，要么由逻辑推理予以保证。研究方法本身并没有优劣之分，应该是具体问题具体分析，可谓一把钥匙开一把锁。受美国实证主义的影响，我国新闻传播学研究加强实证研究，这是好事，但也会走进另一个极端。我在参加一次传播学硕士论文答辩时发现，有的同学的实证研究虽然做了大量的数据采集和分析，却感觉他是认真地去做一个毫无价值的东西。新闻传播学研究的是一个极为复杂的社会系统，简单生硬地使用一种研究方法来讨论和分析某一问题往往是力不从心的。人文科学回答"为什么"，社会科学回答"是什么"，应该互为补充，相辅相成。

"当代学术的发展，正面临两个基本现实：一是没有哪一个学科，仅仅依靠自己的力量，能够解决任何一个重大社会理论和实践问题；二是实现学科进步，越来越多地需要借鉴其他学科的理论、方法和成果，也就是说，不同学科之间的相互依存度在加强。正是这两个现实，使学科之间的对话、交流不但成为可能，而且成为必须。"[①] 因此，跨学科研究和系统研究的方法日益显得重要。

---

① "唯物史观与历史评价专题"编者按，《中国社会科学》2008 年第 1 期，第 24 页。

2. 研究方法

时常有些同学在尚未确定选题时就跟我讨论研究方法，试图通过研究方法的优势来确保论文的品质，这是一种为方法而方法的做法。研究方法的选取应该是为研究选题而量身定做的。不要过分关心方法，重要的是某研究有没有意义，逻辑是否成立，经验根据是否充分可靠，结论是否有助于社会变革的思考和提供对策。一般而言，研究方法分为实证研究和个案研究。

（1）实证研究。

实证研究主张研究真实的世界，有别于语词构成的概念世界或由信条构成的理论世界。实证研究用可经验感受和验证的方式，有别于概念界定和演绎的方法，运用特定研究所必备的多学科知识，努力追求功能性和因果性，理解社会中的各种现象，进而有助于人们审慎而有效地改造世界。实证研究也完全可能做得不好，同样可能毫无学术意义，同样可能自觉不自觉地研究假问题，仅仅是把概念或意识形态争论演绎成所谓实证研究。因此，实证研究不是以方法或者概念来界定，而是要看这个问题是不是有意义，是不是我们必须面对的问题。

不要以为实证研究只有定量分析，它包括定量和定性两种研究方法。量化研究主要回答"是什么"，而质化研究主要回答"为什么"。当然，质化研究对于样品的选取十分严格，如果能够辅助其他研究方法，可以避免"只见树木不见森林"的偏差与片面。量化研究同样面临挑战，一是假设和取样，二是对数据的解读、对结果的解释。

（2）个案研究。

在国内外学界，问卷调查成为主流研究方法，个案研究方法则备受批评。在各种批评意见中，代表性问题成为个案研究方法遭受最多批评的问题。例如，人们常常发出疑问：对单个个案的研究，能有代表性吗？能有多大的代表性？个案研究的结论怎么能推广到总体？可以说，个案研究的代表性问题是国内外社会学界至今还没有完全解决的问题。所谓"代表性"，其实是属于统计调查研究的问题，主要是指在概率意义上"样本"能否估测"总体"的特征。因为没有涉及"大数"现象，个案研究无从谈及这一问题，但这也并不意味着个案研究的意义就限于其本身，研究者都试图"走出个案"①。

像统计调查研究一样，个案研究最终呈现的结果也是一项知识，这一知识是否有意义在于它能否增加新的认识，即能否促进知识的增长。知识包括经验知识和理论知识，相应地，知识增长也包括两个方面：扩充对经验事实的认知与提出新的理论见解。个案研究如何能获得对更大范围事实的认知？如何能获得更具一般性的理论概括，即基于个案研究能否获得超过个案适用范围的知识？这是个案研究始终要面临的问题，我们称之为超越性问题，这也是个案研究的典型意义所在。在社会学/人类学的研究脉络中，三种研究取向对于这一问题的处理深具影响，它们分别是费孝通的"社区研究"、格尔茨的"深描说"和布洛维的"扩展个案法"。对超越性问题的处理主要从两个维度展开：一是将个案视为"整体"中的"部分"，探寻事实层面上通过"部分"认识"整体"的途径；二是着眼于个案研究的理论意义，试图通过个案进行理论启发或检验。

研究方法为研究服务，没有一种研究方法是可以轻而易举取得效果的。思辨推理需要很强的理论功底，实证研究不仅要求数据采集和分析的严谨，还要有解释力和说服力。往往单一的研究方法难以解决问题，可以采用多种分析工具相结合的方法，如定量研究加深度访谈，个案研究为主，比较研究为辅。但一般不宜超过三种研究方法。我们要充分认识各种研究方法的能和不能，了解它的适用范围和局限性，才能把它用对用好。此外，除了史学研究之外，文献分析一般不能算是一种研究方法，它是研究前必须做的文献综述。

（本文原载于《新闻与写作》2016 年第 5 期）

---

① 卢晖临、李雪：《如何走出个案——从个案研究到扩展个案研究》，《中国社会科学》2007 年第 1 期。

高仿真模拟实战考试

——暨南大学"电视节目策划"课程教改解密

目前大多学校的广播电视专业都存在教学内容与实践脱节的问题，理论学习和实际操作"两张皮"，与现代传媒发展的需求严重脱轨。虽然不少高校为了改变现状，在广电专业教学改革方面取得了一定的成绩，但是从效果来看，对实践教学的探讨还属于初级阶段，还没有形成一套行之有效的实践教学模式。暨南大学新闻与传播学院的"电视节目策划"课程遵循电视节目策划的规律和方法，采用课堂理论教学和实践化教学相结合的方式，在考评方式上模拟真实的电视节目制作流程。其高仿真的考试方式既创造了一种更有成效的、相互激发智慧和创造力的学习环境，又培养了学生独立制作节目的意识和实战操作能力。

一、全面推进教学改革

电视节目策划是一门应用性很强的思维科学，既要理论与实践相结合，也要学界和业界合作，但如何解决学界与业界的对接是一项复杂的教改工程。"电视节目策划"模拟实战考试需要具备以下基本条件：

1. 强大的师资力量

作为"电视节目策划"主讲老师的笔者曾是一位资深的电视人，高级记者，有着丰富的电视节目策划实践经验，著有我国第一部系统研究电视策划理论的学术专著《电视策划学》（2001年）。后调入暨南大学任广播电视学系主任，现为广播影视研究中心主任、硕士生导师，全国"百优"广播电视理论人才，中央电视台和中央人民广播电台节目评价专家，广东电视台节目立项评审委员会成员，经常参与电视媒体的节目研究和策划。笔者还是内地高校首个承担境外媒体研究课题的学者，2009年主持了"澳亚卫视发展战略与频道定位研究"。此外，暨南大学广播电视学系也有多位教师来自业界，并聘请不少业界专家为客座教授和兼职硕导。

2. 丰富的教学经验

笔者从事"电视节目策划"教学工作多年并出版教材《电视节目策划实

务》（2011 年）。"电视节目策划"的教学改革并非一朝一夕，而是一个循序渐进的过程，只有量的积累才能铸就质的飞跃。2009 年，笔者首次在考试上进行创新，采取了学生分组做策划方案，现场演示及答辩的考试方式，当时的评审团由研究生组成，此为实战模拟考试 1.0 版本。2010 年，笔者邀请电视台频道总监来讲学，并由教师组成评审团检验考试成果，进一步调动了学生的积极性，但这种方式在培养学生的实践能力上依然存在局限，此为实战模拟考试 2.0 版本。2011 年，由业界精英和学界教师组成的评审团升级出炉，以直接为业界量身定做策划方案为考试方向，全方位考查学生的理论结合实践的能力。这可谓真正实现了产学研一体化的实战模拟考试 3.0 版本，将高校的教研成果转化为适应业界需求的智力产品。

3. 深厚的业界关系

暨南大学新闻与传播学院在广东传媒界有着深厚的影响力，笔者在广东乃至国内电视界也具有较大的影响，常年与媒体保持密切的合作关系。在推行此次教改方案之前，暨南大学广播电视研究中心提前在微博上发帖，为教改推广预热：

@谭天论道：有开办新栏目和节目改版需要的电视台，暨南大学广播电视研究中心免费为你们提供电视节目策划方案，有意者可与本人联系 tt1717@jnu. edu. cn。研究中心主任谭天教授为全国"百优"广播电视理论人才，著有《电视策划学》《电视节目策划实务》，经常参与境内外电视媒体节目策划和研发工作。

微博发帖虽然反响不小，但大多数电视媒体对此却将信将疑：一是不相信有免费的午餐，二是不相信院校能做得出有实用价值的方案，这样的"业界疑虑"直接导致了在微博上求方案的媒体较少。为了使教改顺利推行，丰富学生策划方案的节目类型，笔者动用了自己的业界关系和社会资源，联系自己的学生（模拟实战考试的四位业界考官中就有两位是暨南大学毕业生）和熟悉的业界朋友寻求合作。而时逢国家广电总局的"限娱令""限广令"出台，各电视台纷纷加快栏目新办和改版的步伐，业界的需求与学界的探索一拍即合，由此联系敲定了一些需要改版和全新策划的电视栏目。

为了让同学们能够顺利通过"电视节目策划"高难度的模拟实战考试，笔者还做了大量前期工作，这就是贯穿整个学期的课堂教学。

电视节目策划不是凭空臆想出来的，它是建立在广泛的多学科知识基础上的新组合。因此，在学习如何做电视节目策划之前，必须先夯实理论基础。"电视节目策划"课程的教学首先就从理论讲授开始。在学生掌握了一定"电视节目策划"的理论知识之后，为了加深他们对理论知识的理解和应用，能够理论联系实际，案例分析和课堂测验成了"电视节目策划"课程提高学生实践能力和策划能力的"秘密武器"。而使用"秘密武器"，有以下两个关键点：

一是案例教学。教师要有目的、有选择地将较典型、较系统、具有一定程度疑难性的真实案例提供给学生，让学生思考、分析、研究，提出解决问题的方法，培养学生发现问题、分析问题、解决问题的能力。根据教学安排给学生观看不同样态的节目，结合具体的节目，讲解节目生产过程中呈现的特点与规律，让学生从感性上和理性上对节目有一个全面的了解，使学生具备综合分析和评价电视节目作品的能力。以此次教改课堂为例，当说到某类具体节目的策划难点时，笔者就会播放相关的节目视频，不仅寓教于乐，牢牢吸引学生们的眼球，也使他们加深了对某类节目的内容特征、形式特征、传播特征的理解。笔者还密切关注和介绍业界最新成果，如请广东南方电视台经济频道总监黄天文介绍民生节目集群的策划，请研究生邸智泉介绍他参加湖南卫视《岳麓实践论》的策划实践。

二是过程管理。为了改变国内不少高校存在的"十六周幼儿园，两周高三"的教学现状，笔者认为"不积跬步，无以至千里；不积小流，无以成江海"。笔者上课虽不点名，但以经常性的课外作业和课堂测验来实行过程管理，学生不仅到课率高，而且学习积极性很高。"电视节目策划"课堂测验的内容按照教学进度展开，从易到难，循序渐进：首先让学生们了解电视节目的特征，比如观看中央电视台10个栏目；然后选择一个新闻节目和一个非新闻节目各写一篇观后感；接着加大难度，为了让学生们深入学习电视节目策划所应用的程序和方法，要求他们策划新闻的后续报道或比较广东电视台三个申报立项的策划方案，等等。笔者通过设置虚拟情景或课程任务，指导学生在发现问题、解决问题的过程中获得经验，为下一步的模拟实战考试做好充分的理论储备。

二、实战回放与成功揭秘

"电视节目策划"模拟实战考试具体过程分为以下五个步骤：组队、选题、策划、评审和总结。

（一）组队阶段

课程考试将学生分为 7 个小组，每组 10~11 人，组成以策划总监（小组长）为核心的节目策划团队。策划总监是整个策划团队的主心骨，负责统筹、监督整个节目，协调组内成员分工与合作，并控制整个项目的总体运作实施。策划团队的其他成员则要明确各自的职责与分工，积极配合策划总监的规划和安排。为了确保每个成员切实履行工作职责，策划总监被赋予决定成员工作绩效的权力。策划总监由老师根据学生学习成绩挑选，副总监则由学生自荐自选。每项电视节目的策划周期为四周：第一周明确分工，搜集资料；第二周确定策划的主题和基本思路；第三周完成策划草案并不断完善；第四周进入正式的现场答辩环节。电视节目策划团队的具体工作计划应视各小组的工作进度和实际的操作情况而定。

（二）选题阶段

"电视节目策划"的选题很重要，前两年的教学实践就存在两大问题：一是"电视节目策划"考试没有限定选题，大部分学生都不约而同地选择了娱乐节目的策划；二是没有与业界对接，学生们的创意虽然天马行空，但是并没有达到预期的教学效果，出色的节目策划方案很少。总结了前两年教学实践中在选题阶段的不足，"电视节目策划"课程考试进行了一个全新的尝试——以暨南大学广播电视研究中心的名义联系了一些需要改版和全新策划的电视栏目。这样一来，节目选题一方面须符合电视台的要求，在考虑新颖性、独创性等要素的同时兼顾可操作性；另一方面又要能够结合教学内容的理论知识。经过比较研究，最终确定了七个选题：南方台《六点半新闻》、广东电视台珠江频道《新闻630》、"公民新闻"节目《南粤新视点》、东莞电视台《新闻午餐》、南方经济频道的时事辩论节目《全民议事听》、少儿节目《宝贝泡泡堂》以及综艺节目《绝代双"交"》，"电视节目策划"的七个小组将分别为以上节目制订改版策划。

（三）策划阶段

学生以小组方式工作，实施工作计划。第一步：策划总监组织团队成员定期召开策划专题会议。学生们开会时采用的是头脑风暴法，与会成员无限制地自由联想和讨论，其目的在于产生新观念或者激发创新设想。经过数次的思维共振和相互激发，各策划团队基本确定了节目的形态、定位、风格、时长、结构、特色等具体问题。第二步：整理会议记录，拟定策划草案。在团队成员共同分析的基础上，讨论协商最后确定可以保留的节目构想，并用文字的方式表述出来，包括节目要表现什么、如何表现、做何工作等内容。第三步：撰写策划文案，制作演讲PPT。团队成员依据节目策划的内容制订任务计划，给出每个成员的详细工作安排。这个阶段要求团队成员积极配合，共同完成前期制订的任务计划。笔者认为，这种分组需要团队合作完成实验项目的安排方式，可以调动学生的积极性，并培养学生良好的团队合作意识。

（四）评审阶段

电视节目策划方案评审是整个环节中的最后一环，也是极为重要的一环。"电视节目策划"课程严格按照电视台节目策划方案竞选的模式，采用模拟实战的评价体系，使得小小的课堂立马变身成了电视台的"竞选现场"。评审团则由业界专家和广电系教师组成，阵容强大，他们将着重考评学生策划方案的创新性、可行性以及说服力。评审过程中主要有方案演示和现场答辩两个环节：

1. 方案演示环节

同学们根据排列好的顺序依次展示自己的成果，每一小组拥有7分钟的演示时间，必须在规定的时间内阐释出完整的策划思路，包括目的意义、节目创意、节目设置、组织实施和效果预测等内容。为了取得最佳的策划效果，每个小组都在节目的内容、形式和制作手法上新意迭出：他们不仅制作图文并茂的PPT，有的还制作声画俱佳的片花吸引观众。总的来说，节目有"亮点"，策划有"卖点"，展现了学生们独特的视角和新奇的创意。

2. 现场答辩环节

答辩是一种有组织、有准备、有计划、有鉴定的比较正规的审查形式。组织现场答辩的目的简单来说是进一步考查和验证策划的合理性、科学性和创新性，以及策划者对专业知识掌握的深度和广度。为了在现场答辩时能有好的表现，各小组同学都精心准备，选派优秀代表上场陈述和回答考官提问。

在答辩会的现场，专家学者们眼光独到、言辞犀利，答辩团队才辩无双、妙语连珠；专家学者们时而肯定了同学们的策划亮点，时而毫不客气地指出方案的不足，并就策划的创意和实操与同学们进行了充分的互动。比如在谈到新闻节目的策划时，评审团就指出了《新闻午餐》贪大求全的做法会模糊栏目的定位，加剧栏目的资金投入，在实际的操作性上值得商榷；评审团同时还对《新闻360》的扩版方案提出了质疑，栏目内容的容量和质量如果跟不上扩版以后增加的节目时长需求，反而会减少栏目原有的收视人群，降低新闻栏目的口碑，因此，栏目的扩版应该经过深思熟虑，而不是随意的冒险行为。在全部策划当中，《全民议事听》的改版策划凭借对现有节目深入、中肯的剖析和亮点突出的改版思路，赢得了该节目监制郑迎红的高度赞扬。《绝代双"交"》的代际互动真人秀的策划思路也获得了评审团的一致好评，专家学者们认为如果能够将思路继续细化，深入挖掘，《绝代双"交"》的策划方案将具备登上电视荧幕的潜质。

（五）总结阶段

演示和答辩完毕，所有考官和任课老师一起进行简要的总结性讲评，这既是现场的点评环节，也是整个考试的总结阶段。在考试结束后，业界专家对暨南大学广播电视学专业学生在考试中展现出来的高水平高素质十分赞赏，纷纷表示欢迎来实习或者工作。"电视节目策划"获得的极大反响甚至在考试之后还余音缭绕，还有电视栏目和个人前来与笔者联系合作策划事宜。笔者认为，如果这些节目策划方案能够进入播出环节，不仅能让节目接受现实观众的考验，也对学生激发学习兴趣、树立职业理想大有裨益。此外，专家学者们也可以从学生们的策划方案中找到新的发现、新的启示，并将它们运用到电视台节目的进一步研发和升级改造中去。学界和业界的紧密合作，将共同缔造出更多精品，呈现给广大电视观众更多优秀的电视节目。

（本文原载于《暨南高教研究》2012 年第 1 期）

自媒体在新闻传播教学中的应用

当今，互联网和移动互联网、社交媒体等已全面介入到人们的生活、生产和学习中，也改变了传统的新闻传播教学模式。目前，不少高校教师都尝试借用新媒体辅助教学，但从整体来看，大多还是停留在简单的教学工具应用的初级阶段。那么，在自媒体迅速发展的今天，如何更好地利用自媒体进行新闻传播教学？自媒体在教学中如何发挥更好的作用？本文以笔者的新媒体教学实践为例，探讨自媒体时代下的教学模式创新，希望对新闻传播教学模式改革有一定的借鉴意义。

一、新媒体教学应用现状

在新媒体普及的今天，许多老师都开始尝试将新媒体作为一个全新的教学辅助工具应用到教学过程中，而自媒体和社交媒体在其中起到了重要的作用。自媒体指的是"个人生产、加工和发布信息的媒介平台，是为个体提供信息生产、积累和共享服务，传播内容兼具私密性和公开性的信息传播方式"[1]，实际上它也是一种社交媒体。"社交媒体是建立在互联网技术基础上的用户信息分享和社交活动的互动社区，无数的用户和众多的个人媒体为社交媒体生产内容，传播信息。"[2]

QQ群、电子邮件、微信群等基于自媒体和社交媒体的新兴媒体已是高校老师常用的教学工具，为老师和学生提供了更为便利的交流平台。在QQ群上大家可以就学术问题畅所欲言、各抒己见；电子邮件给了学生随时向老师提问题的机会，也让老师和学生的交流更加便捷。如中国人民大学新闻学院彭兰教授指导学生利用网络进行问卷调查；扬州大学新闻学院的张爱凤老师曾把学生的新闻采写作业发布到微博上，以增强互动性和影响力。

但是，当下教学中新媒体的使用还存在一些问题，它仅仅是被当成一种教

---

① 谭天：《新媒体新论》，广州：暨南大学出版社，2013年，第32页。
② 谭天：《新媒体新论》，广州：暨南大学出版社，2013年，第35页。

学工具，实现课上到课下的延伸，如收发作业、布置任务等，并没有被作为一个新媒体平台而得到充分利用，这说明我们在教学理念和自我学习上创新不足。为此，我们不得不提出这样的疑问：新媒体教学的目的何在？

目前在新闻与传播学院的教学过程中，有三大瓶颈需要突破：一是理论与实际脱节，重视新闻理论的教学，却忽视了对新闻理论的实践，导致学生在毕业后进入媒体工作时才发现学不能致用，如何实现学界和业界的融合，是教师们亟须思考的问题；二是新闻教材陈旧与良莠不齐，当今传媒业界日新月异，教材编写的速度往往赶不上时代发展的速度；三是课程内容与学生互动性不够，"我说你听"的灌输式教学模式不能充分发挥学生的学习积极性。反观学校建设的教育技术平台，由于缺少个性化服务，往往不能满足互动教学的需求。

在这种情况下，探索新媒体在新闻传播教学中的新理念就显得紧迫而重要。对此，笔者一直在思考如何构建一个自媒体平台应用于教学，同时积极寻找与业界合作的机会。

二、基于新媒体的互动教学

我们以"网络与新媒体研究"这门课为平台进行了全新的教改实践，针对本科生和研究生教学采用不同的方法：本科生课程教学采用了课堂讲授、在线学习和互动讨论相结合的教学方式，课程考试包括微信、微博运营报告和新媒体案例分析两种方式。2014年研究生课程教学首次尝试"产学研一体化"，与广东电视台民生新闻栏目《DV现场》合作，让学生结合理论，全面运营其官网、官方微博和官方微信公众号。

在新媒体时代，互动是互联网思维的一个重要元素，笔者的互动教学除了课堂讨论之外，还将教学过程延伸到线上线下、课堂内外，充分利用QQ、微博、博客以及"暨大新媒体"官方微信公众号等平台进行教学，学生可以在任何时间、任何地点学习，并可随时与老师进行讨论。

我们在新浪博客"谭天论道"和微信公众号"暨大新媒体"上可以随时发布学术热点和前沿资讯，带领学生积极思考，同学们通过转发、评论和老师随时互动；"暨大新媒体"微信公众号除了每天向公众推送一两条新媒体新动态、新文章之外，还开设教学模块，内容包括作业点评、答疑集成、课外阅读指导等，对学生们提出的问题及时给予指导和回复，构成了网络的学术讨论空间；

更为私密的 QQ 群和微信群则是笔者指导自己研究生深入进行学术讨论的另一个平台。

这种教学方式不仅增强了师生之间的互动性，还吸引了大批校外学生和学者参与到讨论中来；不仅促进了本门课程学生的学习，还带动了其他关注"谭天论道"博客和"暨大新媒体"微信公众号的用户粉丝。这种在线学习实际上具有慕课（MOOC）特征，其课程实施的关键在于大众学习公共通道的建立，帮助学习者在开放和个性化的学习环境中通过交流讨论形成知识网络中的"节点"（nodes），并最终在知识网络中形成多群体学习路径的生成式课程。①

在实践过程中，同学们以小组的形式结合理论去运营自己的微博、微信公众号，由于人力、财力、时间和经验不足，所运营的只能是媒介产品，离媒介平台还有一定的距离。但是，同学们对于新媒体的了解，已不仅仅局限于抽象的概念，而是真正懂得了"服务为王""以用户为中心"等互联网思维，并运用到了自己的实践中去。

例如，充分体现网络思维的微信公众号"吐槽君"，就是利用反讽的网络语言，以热点和观点吸引了不少人气。在实践的过程中，同学们充分认识到要运营好一个媒介产品要做的有：一是从内容产品到服务产品的转变；二是从受众模式到用户模式的转变；三是从信息传播到关系传播的转变。

运营"吐槽君"，同学们从一开始简单地以内容为主到逐渐开始有了服务用户的意识，例如世界杯、高考期间推送的文章，就是在恰当的时间节点推送用户想要了解的信息，及时而有趣。不时举办的抽奖活动，促使用户们在朋友圈大量转发，实现从信息传播到关系传播的转变。此外，同学们还积极思考，几次改版，运用不同的方式去探索新媒体产品的运营方式。

同学们在运营新媒体时会更加积极地思考在课堂上从没想过的问题：怎么样变单一传播为双向交互，变自己玩为大家一起来玩？怎样变作品为产品，而且不仅做内容产品，还要做服务产品，还要研究用户及行为，熟人怎么做？陌生人怎么办？产品的独特性在哪里？与此同时，他们在实践中享受了前所未有的探索乐趣。对这一教学创新，同学们热情高涨，反响强烈。

将新媒体作为一个平台用到教学中去，是教学理念的革新，老师与学生不仅仅是传统意义上的传授关系，更是相互学习、相互讨论的朋友关系，新媒体

---

① 林静：《MOOCs：本意、困境与希冀》，《中国教师》2014 年第 3 期。

平台打造的亦师亦友、活跃互动的学术氛围，可以更好地激发学生的思考能力和创造能力。而同学们利用新媒体进行的教学实践活动，已经是在对业界前沿的探索，既有理论的支撑，又有实践的检验，无论是做研究还是搞实践，都对学生大有裨益。

三、产学研结合的实战训练

协同创新是当今高等教育发展的新增长点。协同创新是指创新资源和要素有效汇聚，通过突破创新主体间的壁垒，充分释放彼此间"人才、资本、信息、技术"等创新要素的活力而实现深度合作。高等教育机构同企业合作，协同研发，创新技术，既能提升高等教育机构的社会声誉，又能促进教学，有利于高等教育自身的发展。笔者在课程中开创的"产学研一体化"实战训练，是实践"协同创新"教育理念的一个案例。

"产学研"说起来容易，做起来并不容易，这涉及与校外、与社会的合作，一般教师往往囿于社会资源的匮乏而止步。笔者依托广泛的社会资源和媒体人脉向外寻求合作，而媒体因转型和节目创新有很强的需求，校媒双方一拍即合。践行"产学研一体化"就是采取"走出去、请进来"的办法。

笔者指导学生全面运营广东电视台《DV现场》的新媒体，就是实现"产学研一体化"的范例。

《DV现场》栏目是广东广播电视台公共频道一档电视民生新闻栏目，创办于2011年5月，秉承"直击现场、关注民生"的宗旨，聚焦普通市民的生活，关注他们的喜怒哀乐，为他们的利益鼓与呼。节目始终要求记者站在新闻事件的第一现场，力求为观众带来最直接、最原汁原味的画面和声音。2012年该节目被中国电视艺术家协会评为全国十大创新栏目，2013年被中国电视艺术家协会评为全国十大名优栏目。

《DV现场》虽然有官方微博、微信公众号，但在资源整合上还略有不足，亟须寻找一种新的途径去扩大互联网的影响力。媒体的官方微博不仅仅是传统媒体发布内容的平台，更不应是另起炉灶式的新媒体，其应该重视与传统媒体的融合。我们除了让自己的学生参与到《DV现场》官方微博、微信公众号和官网论坛贴吧三个新媒体平台的运营中去，还带领学生将营销学的4P（product，产品；price，价格；place，渠道；promotion，推广）理论、病毒式传播等应用到电视新闻上，拓展传统媒体的渠道，打造新媒体平台。实现传统媒体和新媒体平台的资源整合，两者之间互动性的增强，对于提升彼此的影响力都有助益，以实现传播影响力的最大化。

以《DV现场》的官方微博为例。在同学们接手《DV现场》的新媒体平台短短3个月的时间里，其官方微博粉丝数由11万增至12.5万，粉丝净增数达到1.5万，平均每个月增加5 000人。每天实现200名左右的新增粉丝数，比较稳定。在6月20日世界杯有奖竞猜开始阶段，日增粉丝数1 694人，达到高潮。从"消息发送人数"指标上可以明显对比出运营团队接手前后的变化。4月16日之前，主动发送消息的去重用户数（包括非粉丝）的数量几乎为0，而4月16日当天，消息发送人数达到53人，此后均保持在这个数据上下。可见，在精心运营的情况下，微博的消息发送情况有明显的好转。

种种数据证明，同学们运营后的成果是很显著的。同学们不仅仅是将它作为电视节目的延伸，更在实践的基础上总结了具有指导意义的经验。第一，明确目标用户，提升官方微博活跃度；第二，总结微博发布规律，获取用户最大程度的注意力；第三，精选配图及视频，引发视觉传播轰动效应；第四，注重沟通与反馈，赢得用户信任与支持；第五，重视微公益传播内容，塑造官方微博品牌；第六，与传统媒体互通，打造兼容开放的传播平台。这些经验的提出，不仅让同学们对于理论有了充分的理解，并且对业界也有很强的指导意义。

同样，同学们在其他平台运营的效果也很显著：官方微信公众号的粉丝数由85 557增长到94 476，论坛和贴吧的配合也起到了网络推手的作用。从各自为政到协同作战，《DV现场》的新媒体平台构建为我们当下传统媒体的转型提供了现实借鉴。目前围绕《DV现场》正形成电视新闻播出平台、互联网平台和线下活动（小记者夏令营、公益项目苹果书屋等）三位一体的O2O（线上到线下）媒介平台，既有内容产品，也有服务产品。

社交平台的作用在于，它一方面能使个体用户与其圈子内的人展开互动，共享资源，维系关系；另一方面，它又要打破圈子内关系的封闭性，通过突破时间空间和物质成本的限制，形成更多、更好的资源流动，并赋予个体最大机会，使得个体能嵌入到另外的圈子中，并顺带使自身的圈子与外界的圈子发生关系，形成交集，从而增强转换的可能性，并在整个社会网络中实现嵌入。毫无疑问，关系转换的目标是通过个体价值最大化来实现平台价值最大化。不可否认的是，笔者这一次带领学生与业界合作，不仅验证了其理论的正确性，也为业界实践提供了很强的指导意义。

2014年7月16日，由暨南大学新媒体研究所和广东广播电视台公共频道联合举办的"电视新闻节目新媒体运营报告会"在暨南大学新闻与传播学院学术报告厅举行，校内外师生参加了研究生课程"新媒体研究"的考核汇报。公共频道《DV现场》栏目组和《DV现场》官方微博、微信公众号和官网论坛贴吧三个新媒体运营小组分别做了汇报和讨论。此次报告会对学界和业界都深有启发——学界和业界并不是各自为政、彼此脱轨的，而是可以很好地结合在一起，互相促进。

我们的授课方式旨在拆掉学校教学的两堵"墙"：一是拆掉课上和课下的"墙"，利用新媒体打破课堂时间和空间的限制，使得老师和学生的互动成为常态，也激发学生们学习的兴趣，在实践中更积极去思考；二是拆掉学校和社会的"墙"，实行"产学研"结合的方式，使得业界和学界共同探索，相互支持，共同成长。两种"拆墙"，前者是增强教学效果，后者是提高实战效果。相比之下，后者操作起来难度更大，但价值更大，更值得去做。新媒体的运用，不仅仅局限于新闻传播的教学中，对其他课程的改革也有一定的借鉴意义。

参考文献

谭天、苏一洲：《论社交媒体的关系转换》，《现代传播》2013年第11期。

（本文与曾丽芸合作，原载于《新闻爱好者》2015年第6期）

附　录

这个世界最好的老师，我的父亲没有离开……

2017年11月23日凌晨，我亲爱的父亲谭笑猝然辞世，终年89岁。我在朋友圈里写道："这个世界上最优秀的老师，我的父亲走了。这让我想起一句诗：春蚕到死丝方尽，蜡炬成灰泪始干。"至亲好友纷纷表示悼念，远在美国的外孙女说：外公的任务完成了，到天国去，他会好好的。一位清华大学的博士说：另一个世界也需要优秀老师，所以老人家过去了。

父亲谭笑

这个世界最好的老师，我的父亲没有离开……这个世界最好的老师，我的父亲没有离开……

我的父亲生于著名侨乡广东开平，那是一个人多地少的地方，因此有男人漂洋过海去谋生的传统。我爷爷也出国打工，那时打工不同现在，可能干一辈子也挣不到一张回国的船票。父亲和奶奶相依为命，他自幼聪颖，中学连跳两级后考上中山大学中文系。他毕业后没有出国投靠已是成功侨商的爷爷，而是选择留下来参加新中国的建设，从此把青春和才华贡献给祖国。

父亲喜欢表演，曾是广州高校大学生话剧团团长，梦想是当电影导演。但是他毕业那年中学教师奇缺，因此他被分配到粤西当一名中学教师（当时大学生毕业都是国家分配工作）。干一行爱一行，加上扎实的文学功底和极佳的口才，父亲很快成为教学骨干。后来他到大学任教，数十年桃李满天下。

我不时听到朋友说父亲为我感到骄傲，但我觉得作为一名优秀教师我远不如他。我的性格比较内敛，口才不如父亲，自感不是一块做教师的料，但仍然阴差阳错走上了讲台。干一行爱一行，我以父亲为楷模，教书育人，尽力尽责。半路出家的我一步一个脚印，成为新闻传播学的一名合格教师并在学术上取得了一点成绩，还先后被评为师德标兵、卓越导师和优秀导师，父亲闻之甚感欣慰。

父亲曾当选市政协常委、省人大代表，但他主要还是一名教书匠，不过在当地教育文化界可谓是德高望重。自爱自强，是他给我们的教导和财富。所以，我们虽然没有大富大贵，但都能走好人生每一步。后来，父亲终于在七十岁高龄时入了党，完成了夙愿。记得有一年"七一"，我的电视台同事还瞒着我给他做了一部专题片。

晚年，父亲一方面作为市民盟领导参政议政，另一方面作为关心下一代工作委员会成员，为教育青年学生发挥余热。在我的印象里，他的身边永远簇拥着学生。他的相册精心粘贴着学生的照片，家里总是荡漾着他老人家朗朗的笑声。我觉得他在平凡而充实的一生中，精神是富有的，这种富有是建立在正直、善良、给予和博爱的基础上的。

很少有老师像父亲那样对学生有极深的情感，时隔多年他仍记得每个学生的名字，关心他们甚至他们子女的成长。谈笑风生，笑对人生，笑看生死。我相信，父亲正在天国里看着我们健康而开心地活着。刘义军博士说：谈笑人生，耕耘桃李满天下。乐观德行，教学风范永长存！一位朋友说，谭老留给这个世界的美好会传承下去的！

我总觉得父亲并没有离开我们，他在天上看着我们，让我们不忘做一个正直的人，一个努力的人，一个对社会、对家庭、对事业有贡献的人。

这个世界最好的老师，我的父亲没有离开……

本文在"谭天论道"公众号发布后获得271个点赞，收到52条留言，摘录部分留言如下：

校园中的父亲

七七：爱是人间四月天！有爱的教师播种的是爱的桃李，为教师点赞！

奋斗的樱桃大熊猫：大学时经常和同学结伴去老教授家里和他聊聊天，他总是能在关键的时候点拨我们一下。出来工作几年，也慢慢理解了他以前对我说的话。时光匆匆，老教授音容笑貌依旧。愿他在世界的另一头，幸福安康。

乖乖：今年7月30日，我们中文秘书班的几个同学还去尊敬的谭老师家里探望了他，谭老师记忆力超强，对我们上学时的点点滴滴都记忆犹新，我们还约定，明年的毕业庆典一定约上谭老师。然而……天堂里多了一位博学多识的老师，一位风趣优雅、善良可爱的老先生。谭老师，我们永远怀念您！

水妖：学为人师，行为世范，谭老一世践行了这八字。

刘博士：好父母凝聚好家庭，好家庭传播好家风，好家风传承好未来，这是人间最宝贵的财富和幸福，比留下金山银山与权贵关系更宝贵，更值得珍惜传播与践行！

陛下：毕业后，每每回母校，路过旧区都会四处张望，搜寻看看有没有他的身影……幸运的是，有两回遇上他了！还记得最后一次，跟他在树荫下聊了好久，不甚尽兴，还到他家里去了，他又找出好多好多照片来，一一给我们介绍：往届学生的聚会、他的家人、他年轻的时候……临告别时，他还念叨着：我的电话号码很好记，007啊！虽然现在就算电话接通也听不到他的声音了，但是他会一直都在我们心里！

（本文原载于"谭天论道"微信公众号，2017年11月29日）

后　记

大好时光，不负年华——我这四十年

　　今年是改革开放四十三周年，四十多年前我在做什么呢？1978 年我考上了大学。我小学还没毕业就遇到了"文革"，原有的教育体制被毁了，我们整天劳动，学工学农学军，中学数理化课本被简化为一本《工农兵知识》。高考被废除了，只有工农兵学员才能被推荐上大学，而出身不好的我是完全没有机会的。高中毕业后我进入了工厂，看了高尔基《我的大学》后给父亲写信说，我要读他那样的大学——社会大学。没想到恢复高考的喜讯从天而降，我看到步入大学殿堂的希望，这也是我人生道路的第一个转折点。

　　对于几乎没念过正规中学的我来说，备战高考那不叫复习，叫从头学，当时也没有什么高考补习班。我们千方百计找到"文革"前的中学课本来自学，在机器轰鸣的车间里看书，在工休做题。我既没有"文革"前高中生扎实的功底，也没有应届高中毕业生的实力，由于基础实在太差，在总共十二三届高中毕业生的同台竞争中，我于 1977 年、1978 年连考两年才考上一个大专。记得那年数学特别难，我们全班只有一个同学考及格。不管怎么说，我终于考上了大学，那时大学不多，招生人数极为有限，竞争很激烈。

毕业照

大学毕业后我很幸运地留校任教，当了几年助教后决定出去闯一闯。歪打正着我进入了传媒业，先后在电台、广电局和电视台工作，当过记者、编辑、导演、制片人以及多个业务部门的负责人。在18年的新闻传媒工作中，我创作和发表了大量的作品且获奖颇多，在繁忙的工作之余我仍然坚持学习，又在职读了两个专业——中文和经济管理。2003年，我评上了高级记者。然而，新闻毕竟是年轻人的事业，于是在从事了18年的新闻工作后我决定重新回到高校。

2004年我调入暨南大学新闻与传播学院，成为广东省第一个拥有双高职称（高级记者和教授）的新闻传播学教师。高校任教的经验，加上良好的学科知识结构，我较好地完成了两次转型：第一次转型是从业界转到学界，第二次转型是从电视转向新媒体。我同时在学界与业界发力：2009年，主持了"澳亚卫视发展战略与频道定位研究"项目，这是国内高校首次承担境外媒体研究课题；指导的硕士论文被评为广东省新闻传播学科第一篇优秀硕士论文，我由此荣获暨南大学"卓越导师"称号。

或许经历过改革开放前的磨难，尽管我读了一个很一般的大学，但一直没有停止前进的脚步；尽管我并非新闻传播科班出身，但在这个领域做出了与这个时代匹配的成就。我较早进入新媒体研究，先后出版了多部相关专著和教材。传播学者也要做传播，从博客到微博，从公众号到头条号，我在高校教师中恐怕是第一个构建自媒体矩阵的人。四十春秋，大好时光，我要把光和热、善与美传递给更多的人。

2011年记者节，我作为中国新闻奖评委到北京参加中国新闻奖和长江韬奋奖颁奖会，会议地点是在曾经召开决定实行改革开放战略决策的十一届三中全会的京西宾馆。冥冥之中，我又回到改革开放时代的原点。令我感到欣慰的是，在这个新时代里我没有落伍。我的朋友崔总说得好：岁月没有放过我们，我们也不曾放过岁月。四十春秋弹指一挥间，我已经到记录我的学生成长的年龄，他们的四十年会不会比我的更精彩呢？我不羡慕他们，他们有他们的美好前程，我有我的光辉岁月，但我衷心祝福他们，我们的祖国会变得更加强大，我们的美好未来更加可期。

四十多年里我写了这些书：《记者的世界》《电视策划学》《纪录之门——纪录片创作理念与技能》《批评与建构——聚焦中国电视》《港澳台广播电视》《纪录片制作教程》《电视节目策划实务》《广播电视新闻研究》《新媒体新论》《媒介平台论——新兴媒体的组织形态研究》《融合与转型：重构中国电视》以及"道可道·非常道"三卷。

与学生在一起

　　我构建了自媒体矩阵：新浪谭天的博客，新浪微博、微信公众号"谭天论道"，头条号"东行漫记"，一点号"谭天新视野"，抖音号"谭天看世界"，视频号、快手号、知乎、QQ 等都开有"谭天论道"帐号。

　　获奖太多且不值一提，就不写了。但凡得奖皆是过去，它也不是生活的意义所在。最后一句，感谢这四十年里帮助我的朋友和陪伴我的家人！

精选网友、朋友给我的留言：

新闻法眼（朋友）：宝剑锋从磨砺出，梅花香自苦寒来！谭教授威武！

大宇 COSMOS（朋友）：谭老师用自己的不懈努力在改革开放四十年的教育领域开创了一片新天地，值得我辈学习。

唐智（朋友）：很励志，我们要转型，就得不负年华，走向传媒前沿。

蓝海微力：曾记否？那次我们去东海岛采访台风灾害，送你回到广播电台已是夜晚，当天你说肠胃不适，中午几乎粒米不进，晚上便精疲力尽，下车时一个踉跄差点卷入车底，是我把你扶了起来！

吴哥仔（朋友）：这么有激情的心态，值得我们学习。

谭　天

2021 年 3 月